Rolf Hochhuth

Die Berliner Antigone

Erzählungen und Gedichte

Nachwort von
Helmut Kreuzer

Reclam

RECLAMS UNIVERSAL-BIBLIOTHEK Nr. 8346

Gesamtherstellung: Reclam, Ditzingen. Printed in Germany 2014
RECLAM, UNIVERSAL-BIBLIOTHEK und
RECLAMS UNIVERSAL-BIBLIOTHEK sind eingetragene Marken der Philipp Reclam jun. GmbH & Co. KG, Stuttgart
ISBN 978-3-15-008346-8

www.reclam.de

Inhalt

Die Berliner Antigone

Für Marianne

Da die Angeklagte *einer* falschen Aussage bereits überführt war, glaubte der Generalrichter, er könne sie retten: Anne behauptete, ihren Bruder – den Gehenkten, wie der Staatsanwalt möglichst oft sagte – sofort nach dem Fliegerangriff ohne fremde Hilfe aus der Anatomie herausgeholt und auf den Invalidenfriedhof gebracht zu haben. Tatsächlich waren ein Handwagen, aber auch eine Schaufel auf der Baustelle an der Friedrich-Wilhelm-Universität entwendet worden. Auch hatten in dieser Nacht, wie immer nach den Bombardements, Feuerwehr, Hitlerjungen und Soldaten die geborgenen Opfer in einer Turnhalle oder entlang der Hauptallee des Friedhofs aufgereiht.

Vor Gericht aber hatten zwei Totengräber mit der zeremoniellen Umständlichkeit, die ihr Gewerbe charakterisiert, die jedoch in Zeiten des Massensterbens so prätentiös wirkte wie ein Sarg, überzeugend bestritten, unter den 280 Verbrannten oder Erstickten, die bis zu ihrer Registrierung unter Bäumen auf Kreppapier lagen, den unbekleideten, nur mit einer Plane bedeckten Körper eines jungen Mannes gesehen zu haben. Ihre Aussagen hatten Beweiskraft. Sehr präzise vor allem in den Nebensächlichkeiten gaben sie an, persönlich jeden einzelnen der 51 Toten, die weder zu identifizieren gewesen noch von Angehörigen gesucht worden waren, drei Tage später in die Grube gelegt zu haben, in das Gemeinschaftsgrab.

Die Bezeichnung Massengrab war verboten worden. Die Reichsregierung pflegte die Toten eines Gemeinschaftsgrabes mit besonders tröstlichem Aufwand beizusetzen: nicht nur waren Geistliche beider Konfessionen und ein namhafter Parteiredner, sondern auch noch ein Musikzug des Wachbataillons und eine Fahnenabordnung hinzugezogen worden.

Ein Beisitzer des Reichskriegsgerichts, ein großväterlich warmherziger Admiral, der als einziger in dem fast leeren verwahrlosten Saal keine Furcht hatte, war so gerührt durch die Schilderung der Totenfeier, daß er der Angeklagten mit milder Zudringlichkeit empfahl, endlich die Wahrheit zu sagen über den »Verbleib« ihres toten Bruders: Die Entweihung eines Gemeinschaftsgrabes durch die Leiche eines von diesem Gerichtshof abgeurteilten Offiziers müsse sonst leider – er sagte zweimal aufrichtig *leider* – als strafverschärfend gewertet werden.

Anne, zermürbt und leise, beharrte auf ihrer Lüge ...

Der Generalrichter, während der Worte des Admirals wieder in innerem Zweikampf mit seinem Sohn, fand Bodos Gesicht nicht mehr; es zerfloß ihm wie damals im Rauch der Lokomotive – nach ihrem notdürftig zusammengeflickten Übereinkommen, am Vorabend von Bodos Abfahrt zur Ostfront. Mehr als den Verzicht, sich in diesem Augenblick mit der Schwester eines Hochverräters *öffentlich* zu verloben, hatte der Generalrichter seinem Sohn nicht abzwingen können. Seiner Weigerung, dieser Mesalliance jemals die väterliche Zustimmung zu geben, hatte Bodo die Drohung entgegengesetzt, sich sofort mit dieser Person zu verheiraten, die ihn offenbar schon seit Wochen in jeder freien Stunde an seinem Potsdamer Kasernentor abgeholt hatte – auch dann noch, *auch* dann noch, als Annes Bruder schon verhaftet war!

Der Mann, statt dankbar zu sein, daß er als Schwerverwundeter mit einem der letzten Flugzeuge aus dem Kessel von Stalingrad ausgeflogen worden war, hatte nach seiner Genesung schamlos erklärt, nicht die Russen, sondern der Führer habe die 6. Armee zugrunde gerichtet. Und Bodo stand nicht davon ab ...

Der Generalrichter, qualvoll erbittert, mochte das nicht wieder zu Ende denken. Er sah sich fest an einem Wasserfleck, der jetzt wie ein überlebensgroßer Fingerabdruck die Wand über der Büste des Führers durchdrang. Die kolossale Bronze war unerschütterlich auf ihrem Sockel geblieben, obgleich der Luftdruck des nächtlichen Bombardements selbst Rohre im Gerichtshof aus der Wand gerissen hatte ...

Der Generalrichter hörte kaum dem steifschneidigen Staatsanwalt zu. Bodo schien kein Gefühl dafür zu haben, auch seine Mutter nicht, was es ihn kostete, diese Tragödie zur Farce – und dem Führer das Wort im Mund umzudrehen, nur damit dieses aufsässige Frauenzimmer vor dem Beil bewahrt blieb. Wer sonst, wenn er den Vorsitz abgelehnt hätte, würde auch nur daran interessiert sein, Hitlers ironisch wegschiebende Anordnung nach Tisch, die Angeklagte solle »in eigener Person der Anatomie die Leiche zurückerstatten«, so auszulegen, als dürfe das Mädchen den Beerdigten stillschweigend zurückbringen?

Der Führer, beiläufig vom Propagandaminister unterrichtet, während ihm die Ordonnanz schon neue Depeschen über den politischen Umsturz in Italien reichte, hatte zweifellos nicht einmal an ein Gerichtsverfahren gedacht: Anne sollte enthauptet und der Anatomie zur Abschreckung jener Medizinstudenten »überstellt« werden, die vermutlich bei der Beseitigung der Leiche ihres Bruders geholfen hatten. Hier in der Reichshauptstadt, unter den schadenfrohen Augen des Diplomatischen Korps, das hatte Hitler noch angefügt, sollte nicht geräuschvoll nach ungefährlichen Querulanten unter den Studenten gefahndet werden: peinlich genug, daß im Frühjahr die feindliche Presse von der Studentenrevolte in München Wind bekam, weil Freislers Volksgerichtshof zwar schlagartig, aber doch zu laut damit aufgeräumt hatte.

Der Generalrichter, selten im Hauptquartier, noch seltener am Tische Hitlers, hatte mit erfrorenen Lippen »Jawohl, mein Führer« gemurmelt und später, ein geblendeter Gefangener, nicht mehr zu seinem Wagen hingefunden. Wie hätte er denn in Hitlers kaltblaue, rasputinisch zwingende Augen hinein das beschämende, das unmögliche Geständnis ablegen können, dieses Mädchen, die Schwester eines Hochverräters, sei heimlich mit seinem Sohn verlobt ...

Jetzt verfiel er, Schweiß unter der Mütze, in den unsachlich persönlichen Tonfall des betagten Admirals und versprach der Angeklagten fast vertraulich mildernde Umstände. Unduldsam, aber genau entgegnete er dem Staatsanwalt: zwar sei nur während des Alarms das Kellergeschoß der Universität in der Nacht zugänglich; auch seien die Gitter dreier Fenster der Anatomie ebenfalls entfernt worden, um zusätzliche Notausgänge zu schaffen; und nur infolge der katastrophalen Verwirrung durch das Bombardement habe die Angeklagte die Schlüssel an sich bringen können. Dennoch: die Beseitigung der Leiche sei keine persönliche Bereicherung, »mithin« könne von Plünderung nicht gesprochen werden. Auch sei die Beerdigung nicht unbedingt ein staatsfeindliches Bekenntnis, da es sich bei dem Verräter um den Bruder handele. Als mildernder Umstand gelte noch die seelische Zerrüttung: der Verurteilung des Bruders sei bekanntlich der Freitod ihrer Mutter gefolgt.

Verdächtig, dachte der Staatsanwalt, ein straffgekämmter Hamburger mit einer Stimme wie ein Glasschneider – verdächtig. Aber der Ton des Generals ließ ihn verstummen. Er entblößte sogar die Zähne, ohne daß ein geplantes verbindliches Lächeln daraus wurde: Der Vorsitzende entschied nämlich auch darüber, ob er ihn weiterhin benötigte oder ihn zur Front »abstellte«. Er hätte ihn gern in die Hand bekommen, diesen Chef. Es war doch lachhaft, daß der jetzt der Angeklagten eine befristete Zuchthausstrafe versprach, wenn sie die Exhumierung ihres Bruders unter Bewachung vornähme; ein solches Angebot, sicher, man brauchte sich später nicht daran zu halten – stand in keinem Verhältnis zu ihrem Verstoß gegen den Führerbefehl, politischen Verbrechern das Begräbnis zu verweigern . . .

Während er voller Genugtuung die Beugung des Gesetzes durch seinen Chef bedachte; während der Admiral mit dem wehmütigen Wohlgefallen alter Männer diese halberloschene »Pracht von einem Mädel« da auf der Anklagebank teilnahmsvoll mit Blicken tätschelte; und während der Wasserfleck über der Büste des Führers vor dem langen wutroten Fahnentuch weiter und dunkler um sich fraß, zwang sich der General, schon ohne Atem, schon ohne Hoffnung zur äußersten Brutalität: »An langwierige Nachforschungen kann das

Gericht zu diesem Zeitpunkt des Totalen Krieges keine Kräfte verschwenden«, drohte er heiser und hastig Anne und sich selbst. »Sie können sich 24 Stunden überlegen, ob Ihre Helfershelfer in der Anatomie die Leiche Ihres Bruders dort wieder vorfinden – oder ob die Mitwisser durch Einlieferung *Ihres* Körpers, Kopf vom Rumpf getrennt, darüber aufgeklärt werden sollen, daß wir Nationalsozialisten jeden defätistischen Ungehorsam rücksichtslos ausmerzen.«

Die Todesangst gab sie nun nicht mehr frei. Doch am Abend waren ihre Hände immerhin so ruhig, daß sie Bodo schreiben konnte. Es war schon der Abschied, das wußte sie, und Brandenburg, der gute Wärter, der gleich bei Annes Einlieferung mit fröstelndem Grauen »die Schwester« erkannt hatte, war bereit, ihren Brief als Flug-Feldpost hinauszuschmuggeln.

»Du wirst erfahren, wo ich meinen Bruder beerdigt habe, und wenn Du mich später wieder suchst, so nimm ein paar Zweige von unserer Birke an der Havel und lege sie auf sein Grab, dann bist Du mir nahe.«

Sie wollte Pfarrer Ohm anvertrauen, wohin sie den Bruder gebracht hatte – wenigstens *er* blieb vor den Schergen und Schändern in Sicherheit. Dieser Gedanke bewahrte sie davor zu bereuen, obwohl sie nicht mit der Todesstrafe gerechnet hatte und bei der Drohung des Generalrichters zusammengebrochen war.

Gewaltsam vertiefte sie sich in die schon Traum gewordene Erinnerung an die Nacht vor zehn Tagen, um nicht wieder völlig von der Angst erbeutet zu werden. »Das Gericht glaubt Ihnen nicht, daß Sie den Bruder auf den Invalidenfriedhof geschafft haben!« hörte sie die durch Gekränktsein verschärfte Stimme des Generalrichters – ich würde das auch nicht glauben, dachte sie jetzt mit einem Sarkasmus, der sie für einen Moment belebte, fast erheiterte ...

Und wenigstens innerlich riß sie sich los von Wand und Gitter, heraus aus der Zelle – und sie war frei, solange sie draußen an den Streifen Erde dachte, an den heidnisch alten, schon seit Generationen stillgelegten Totenacker, rings um die noch mit Feldsteinen aufgetürmte Marienkirche, im ältesten Stadtteil, ganz nahe der Universität. Die mächtigsten, die königlichen Bäume Berlins wölbten sich dort domhoch über die wenigen Grabsteine dahingesiechter Jahrhunderte, und einen der Steine, einen starken Schild der Ruhe, ausgeweint von Regen und Schnee, zerrissen wie – wie Mutters letztes Gesicht, hatte sie an jenem Nachmittag zum Grabstein des Bruders bestimmt. Sie wollte Ohm jetzt bitten, ihr die Bibelstelle zu übersetzen, die sie dort noch mühsam herausgelesen hatte: Apost. 5,29 – während der Name für die Augen, auch für die tastende Hand schon verloren war.

Wie viele hatten dort wohl Ruhe gefunden. Aus Scheu grub Anne nicht sehr tief. Sie hatte mit einem großen Messer die dicke Decke aus Moos und Rasen ziemlich spurlos herausgetrennt, während ihr sichernder Blick, sooft sie aufsah in die laute Nacht, über die glutsprühenden Dächer wie in eine Schmiede fiel. Ganz Berlin eilte in chaotisch geschäftigen Löschzügen zu den Bränden, und Anne ließ sich einfach mitreißen von dem Wirbel, als sie, sofort nach dem Ende des Angriffs, mit dem Handwagen den Hof der Universität verließ – woran sich später die Denunziantin, eine Kommilitonin, erinnern konnte. Die phosphoreszierte Friedrichstraße hatte sich brechend und verglühend im Feuerwind gegen den Himmel gebäumt, eine flackernde Fahne der Verwüstung. Und dann – wie eine Friedensinsel, so meerweit getrennt von der orgiastischen Brandwut, lag der dunkle Acker da. Niemand störte sie. Vor der Straße durch verwilderte Forsythien geschützt, geschützt im Rücken durch die gotische Nische, grub sie ohne Hast und warf die Erde auf die Plane, die den Bruder bedeckt hatte. Und sie spürte die große Anstrengung nicht, als sie den Körper vom Wagen hob und ihn noch einmal hob und bettete. Doch vermied sie, das friedlose Gesicht anzusehen; denn am Nachmittag in der Anatomie war sie hinausgestürzt, sich zu erbrechen. Sie breitete ihren Sommermantel über den Bruder – dessen Todkälte sie starr machte; Minuten vergingen, bis Tränen und ihre Berührung der Erde dieses Erstarrtsein von ihr nahmen; nun konnte sie Erde auf den Mantel werfen – doch dann sah sie sich schon in der Falle: ihre Beine, ihr Rock, ihre Hände waren so sehr von der feuchten Erde beschmutzt. Atemlos warf sie das Grab zu. Erst als sie, wieder kniend, schon den Rasen auflegen wollte, wurde ihr bewußt, daß nach dieser Brandnacht Zehntausende ebenso beschmutzt herumlaufen würden. Da ließ sie sich Zeit. Behutsam deckte sie die Erde ab, verteilte den Rest unter Büschen und preßte mit den Händen das Moos fest. Ehe sie mit dem Handwagen auf die Straße ging, schlich sie spähend hinaus, wartete, bis ein schweres Lastauto den Lärm verstärkte, und nach fünfhundert Metern erreichte sie wieder das erste brennende Haus; und etwas weiter, da riefen zwei Hitlerjungen sie um den leeren Wagen an, packten Koffer und Körbe und schließlich noch eine hysterische Frau obenauf, die sie unversehrt aus dem Keller gezogen hatten, und Anne ließ sich versprechen, sie würden den Wagen morgen am Hauptportal zum Invalidenfriedhof abstellen, und dann warf sie die Schaufel und die Plane in die schwelenden Trümmer. Später fand sie einen Hydranten, an dem die Feuerwehr gerade den Schlauch abschraubte, und da wusch sie sich die Beine und das Gesicht und die Arme. Und hinter ihr trug man Tote weg, und sie floh aus den Trümmerstraßen, getrieben, sich bei Bodo zu bergen, überwältigt von einer quälenden Gier nach Leben – um es zu vergessen, das Leben.

Das hätte sie ihm gern geschrieben, jetzt, wo die Angst sie wieder hochjagte von der Pritsche und die zweimal zwei Meter des Käfigs ihr unter den Füßen zu schrumpfen – und dann wegzusacken schienen wie die Klappe des Galgens. Sie durfte ihm nicht verraten, wie trostlos sie war. So zwang sie sich, ihm zu schreiben, sie fände es nicht sinnlos, zu sterben für das, was sie getan hatte. Das war die Wahrheit, aber nicht die ganze. Auch das war aufrichtig: daß sie den Tod, da schon so unzählige Generationen »drüben« seien, nicht fürchten könne; daß sie sich aber in erstickendem Ekel mit der Hand an die Kehle griff, sooft sie ans Sterben dachte, an die Anatomie, das verschwieg sie. Und endlich fand sie sogar etwas Ruhe in dem banalen Gedanken: so viele müssen sterben können, Tag für Tag, und die meisten wissen nicht einmal wofür – ich werde es auch können. Und sie fand es nur noch anmaßend, nach einem Sinn zu fragen, und sie konnte jetzt denken: daß so viele schon drüben sind, daß alle nach drüben kommen, das muß mir, das *muß* mir genügen.

Das Letzte verschwieg sie auch sich. Brandenburg wartete auf den Brief. Sie mußte einen kleinen Halt, ein einziges Wort, das ihm blieb, hineinlügen – und da sie einen Stern durchs Gitter sah, den sie nicht kannte, und noch einen, so fiel ihr ein, was sie im letzten Urlaub verabredet hatten, beim Segeln in einer hohen hellen Nacht: immer aneinander zu denken, wenn sie abends den Großen Wagen sähen, Bodo in Rußland, sie in Berlin. Und sie schloß: »Ich sehe durchs Gitter unseren goldenen Wagen, und da weiß ich, daß Du jetzt an mich denkst, und so wird das jeden Abend sein, und das macht mich ruhig. Bodo, lieber Bodo, alle meine Gedanken und Wünsche für Dich vertrau ich ihm an, für immer. Dann weiß ich, sie erreichen Dich, wie weit wir auch getrennt sind.«

Die Planierung des Gerichtshofes durch eine Luftmine verlängerte Annes Bedenkzeit auf elf Tage.

Ihr Pflichtverteidiger schaufelte mit rotplumpen Händen nur hilflos leere Luft; sie hatte ihn zwanzig Minuten vor der ersten Verhandlung kennengelernt. Bei seinem zweiten und letzten Besuch sah er sich um nach der Zellentür, als erwarte er von dort einen Genickschuß. Dann wisperte er, sein Taschentuch neben dem Mund: »Die Frau des Generalrichters war heut früh bei mir, sie hat geweint – jetzt weiß ich erst, daß ihr Sohn und Sie ... also: der General wird Sie retten, wenn Sie sich sofort bereit erklären ...« Anne, als dürfe sie das nicht hören, bat ihn hektisch, endlich eine Nachricht von Bodo herbeizuschaffen.

Die Besuche des Pfarrers waren ihr gefährlicher. Ohm versuchte Anne klarzumachen, daß ein Unbestatteter nach christlicher Auffassung nicht ruhelos bleibe. Und sosehr sie seine Besuche herbeisehnte, so erleichtert war sie, wenn er ging. Sie weinte jedesmal, schließlich war sie so verwirrt, daß sie nicht mehr wußte, ob sie ihm das Geheimnis zuletzt für Bodo anvertrauen dürfe.

Vier Tage und Nächte teilte sie dann die Zelle mit einer neunzehnjährigen polnischen Zwangsarbeiterin, die ihr aus zerknetetem Brot einen Rosenkranz formte, mit dem Anne sowenig beten konnte wie – ohne ihn. Die Verschleppte aus Lodz hatte sich heimlich, während eines Fliegeralarms, in einer Dresdner Bäckerei satt gegessen und sollte deshalb als Plünderer geköpft werden. Sie war nicht tapfer, aber stoisch, so daß ihre Gegenwart Anne erleichterte – während der Generalrichter gehofft hatte, das Zusammensein mit der rettungslos Verlorenen, die nicht einmal Angehörige benachrichtigen durfte, mache Anne geständig. Und wahrscheinlich wäre seine Rechnung dennoch aufgegangen. Als nämlich der Polin die Stunde schlug – im lauernden Morgenlicht des zehnten Tages von Annes Bedenkzeit – und sie aufgerufen wurde, ohne Gepäck mitzukommen, umarmten und küßten sie sich – Schwestern vor dem Henker; und Anne, durch die Berührung mit dem schon ausgebluteten Gesicht der Gefährtin jäh wie vom kalten Stahl des Fallbeils selbst angerührt, wurde mit einem Schnitt innerlich abgetrennt von ihrer Tat: Sie begriff das Mädchen nicht mehr, das seinen Bruder bestattet hatte – wollte es nicht mehr *sein*, wollte zurücknehmen. Damit war sie vernichtet. Allein gelassen, duckten ihre Nerven sich vor jedem Schritt draußen auf dem Gang, dessen blendender Linoleumläufer nicht betreten werden durfte. Ihr flatternder Blick stieß sich wund an den Mauern und verfing sich in den Gitterstäben, durch die der Tag hineinprahlte. »Das Leben geht weiter« – diese roheste aller Platitüden, sie verbrannte ihr Herz. Noch in den Spatzen, die sie beim Rundgang im Hof auf Kokshalden gesehen hatte, demütigte sie diese ordinäre Wahrheit. Und was Bodo ihr zum Trost gesagt hatte, als sie erfuhr, ihr Bruder werde gehenkt, das nagelte nun Stunde um Stunde ihre kaltwache Vorstellungskraft auf das Brett unterm Messer, auf dem man sie anschnallen würde, und richtete ihre Augen auf die Blutrinne in den Fliesen hinter der Guillotine: der rumpflose Kopf lebt da unten noch weiter, noch lange, zwar blind, doch vermutlich bei Bewußtsein, manchmal eine halbe Stunde – während der Tod am Galgen meist schnell eintritt. Mit dieser Feststellung hatte der Generalrichter vor seiner Familie einmal zu rechtfertigen versucht, daß er »Verräter«, denen die Kugel verweigert wurde, dem Strang überantwortete, und Bodo hatte Anne mit nichts anderem beruhigen können. Was mochte jetzt *er* durchleiden, seit er wußte, was ihr bevorstand? Denn Frauen, auch das hatte er ihr damals gesagt, blieb laut Führerweisung das Beil verordnet . . .

Als man aber später dem Pfarrer aufschloß, kam sie nicht dazu, ihre Tat zurückzunehmen. Sein Gesicht war eingestürzt. Und seine Unfähigkeit, das erste Wort zu finden, gab Anne für die Dauer weniger Atemzüge die Kraft, Gelassenheit vorzutäuschen. Sie glaubte, er müsse ihr sagen, sie sei schon verurteilt. Sie deutete an, er könnte »es« sagen. Da murmelte er, und sie hielten sich aneinander fest: »Ihr Verlobter – Bodo, hat sich in einem russischen Bauernhaus erschossen.«

Lange erst, nachdem er es gesagt hatte, hörte sie ihn: »Man fand nur Ihren Brief bei ihm, er hatte ihn erst eine halbe Stunde . . .«

»Brief?« – und er las an ihren Augen ab, daß sie das nicht begriff. Bodo hatte auch seiner Mutter nicht mehr geschrieben. Das sagte er ihr. »Kein Brief – kein – *nichts* für mich?«

Nun mußte er es *doch* sagen. »Er wollte zu Ihnen . . . verstehen Sie!« sagte der Geistliche, und seine Augen zuckten. Er mußte es wiederholen: »Bodo wollte bei Ihnen sein. Er glaubte doch – er dachte, Sie seien schon . . . tot.«

Hitler zeichnete alsbald den Generalrichter mit der höchsten Stufe des Kriegsverdienstkreuzes aus und empfing den durch häufiges Weinen noch treuer gewordenen Mann persönlich im Hauptquartier. Bei Tisch sagte er an diesem Tag, und es war das erste Mal, daß seine Tafelrunde ihn erbittert über den entmachteten, aber von ihm noch immer sehr verehrten Mussolini sprechen hörte, der italienische Staatschef könne sich ein Beispiel nehmen an diesem deutschen Richter, der in heroischer Weise die Staatsräson seinen familiären Gefühlen übergeordnet habe – und solle sich endlich dazu aufraffen, seinen Schwiegersohn, den Verräter Graf Ciano, in Verona erschießen zu lassen.

Der Generalrichter hatte sein Angebot nicht ausdrücklich widerrufen, wäre aber – nach Bodos Tod war er zwei Tage nicht zum Dienst erschienen – vielleicht auch nicht mehr imstande gewesen, die Delinquentin noch aus der angelaufenen Vernichtungsmaschinerie zurückzureißen. Sie hatte Anne automatisch in dem Augenblick erfaßt, in dem sie ins Gefängnis Lehrter Straße überführt worden war – schon als »Paket«. Das war die Fachbezeichnung für »Patienten mit geringer Lebenserwartung«, wie die besseren Herren der Justiz, die sich in fast jeder Situation ihren Witz bewahrten, zu sagen pflegten.

Paket besagte: als juristische Person abgebucht, zur Dekapitation und behördlich überwachten Kadavernutzung freigegeben. Das Honorar für Urteil, Gefangenenkost und Scharfrichter sowie »für Übersendung dieser Kostenrechnung« war bei politischen Verbrechern per Nachnahme von den Angehörigen einzutreiben, im Falle ihrer »Nichtauffindung« oder bei Ausländern der Staatskasse »anzulasten«.

Seit Anne wußte, wie Bodo ein Leben ohne sie eingeschätzt hatte, fand auch sie selbst in ihren starken Augenblicken das Leben nur noch überwindenswert – und doch hatte sie ein Gnadengesuch geschrieben, dem sie sich nun gedemütigt ausgeliefert sah. Nur körperliche Schwäche – denn »Pakete« bekamen in ihren absichtlich überheizten Zellen fast nichts mehr zu essen, an manchen Tagen nur eine Handvoll Kraut –, nur ihre Schwäche verdrängte zuweilen ihre seelischen Heimsuchungen. Der Hungerschmerz reduzierte sie auf ihre Animalität, und zuzeiten nahm das hysterisch gesteigerte Bedürfnis nach einem Stück Seife ihr den Blick dafür, daß sie gesetzlichen Anspruch nicht einmal mehr auf Sauerstoffzufuhr hatte. Schließlich atmete sie nur noch, weil sie in lächerlicher Verkennung der Kriegslage dem Größenwahn erlegen war, der Führer oder auch der Herr Reichsminister für Justiz fänden noch Zeit, sich mit einem Gnadengesuch zu befassen – das aber selbstverständlich, trotz seiner »Nicht-Vorlage« niemals übereilt abgelehnt wurde, sondern erst nach einer humanen Frist, wie sie in der Verordnung vom 11. Mai 1937 bestimmt worden war.

Manchmal entrissen ihre Toten, der Freund, die Mutter, der Bruder, Anne ihrer Angst und bewirkten, daß das Unvorstellbare, ihr eigenes Totsein, vorstellbar wurde ohne Entsetzen, ja eben als die wahre verläßliche Freiheit. In solchen Momenten war sie bereit. In den Nächten, wenn sie lag, überwog ihre Daseinsbegierde. Am Tag, unter der Folter der Zuchthausgeräusche, wenn ein Wagen im Hof, wenn Schritte und Lachen und Schreie und Schlüssel ihr den Vollstrecker anzukündigen schienen, versuchte sie, auf ihrem Schemel unter dem Gitter, sich abzuwenden von der gegenüberliegenden Tür, von dem Kübel und den Würgehänden, die sie seit der Gerichtsverhandlung nach sich greifen sah – und in die Einsicht zu flüchten, daß allein der Tod uns beschützen kann. Der Tod, nicht Gott. Denn zu jung, um ergeben zu sein, trennte sie von *dem* wie eine Eiszeit die kosmische Gleichgültigkeit, mit der er seinem Geschöpf gegenüberstand, echolos wie die Zellenwand. Von »oben« erhoffte sie nichts als ihre schnelle Hinwegnahme durch eine Bombe, denn »Pakete« wurden während der Fliegerangriffe auf Berlin nicht aus ihren Gehäusen im fünften Stockwerk in die Luftschutzkeller mitgenommen; das hätte zu hohen »Personalaufwand« erfordert. Einmal splitterte die Scheibe in ihre Zelle – es war der Augenblick, sich die Adern zu öffnen, aber Hoffnung und Schwäche hinderten sie. Und als sie es endlich gekonnt hätte, da war Tag, und ihre Wärterin, eine kinderreiche Witwe, die Anne oft heimlich einen Apfel mitbrachte, entfernte mit geradezu antiseptischer Sorgfalt auch den winzigsten Splitter, nicht nur aus Annes Käfig, sondern sie fand bei der »Filzung«, wie sie die Leibesvisitation nannte, auch das scherenspitze Glas, das Anne als letzte Waffe gegen ihre äußerste

Entwürdigung in ihrem Haar unter dem gestreiften Kopftuch versteckt hatte. Sie lachte aus ihrer guten nahrhaften Brust, die deutsche Mutter, weil sie doch noch pfiffiger war als die Gefangene, sie lachte ohne jede Grausamkeit – und erschrak so sehr, als sie, zum erstenmal, in Annes Augen Tränen sah und ganz unvorbereitet ihr wimmerndes, verzweifeltes, irrsinniges Betteln um den Splitter abwehren mußte, daß sie schnell ging, einen Apfel zu holen.

Sogar ein Arzt gab jetzt acht, daß Anne bei voller Gesundheit auf das Schafott kam. Tatsächlich verlangte die bürokratisch geregelte Absurdität des »Endvollzugs« die Anwesenheit eines Mediziners, als man ihr endlich – eine Formalität von neunzig Sekunden – die unbegründete Ablehnung des Gnadengesuchs und die Stunde ihrer Enthauptung verlas. Ohne Auflehnung ließ Anne, gefesselt seit der Urteilsverkündung, sich auch noch die Füße an eine kurze Kette legen und mit sechs anderen jungen Frauen, von denen eine noch ein Kind während der Haft geboren hatte, zum Auto nach Plötzensee bringen, wo ihnen ein halbidiotischer Schuster, der seit Jahren als Rentner dieses Privileg eifrig hütete, mit verschreckt geilen Augen und zutraulichem Geschwätz umständlich das Haar im Nacken abschnitt; dabei ließ er die schimmernde Flut von Annes sehr langen, blonden Haaren mit seniler Wollust durch seine riechenden Finger gehen, wickelte ihr Haar dann grinsend um einen seiner nackten Unterarme und tänzelte, die Schere unaufhörlich öffnend und schließend, um die Gefesselte herum, bis man ihn hinauspfiff wie einen Hund. Denn Anne mußte sich völlig ausziehen, um nur noch einen gestreiften Kittel und Sandalen anzulegen.

Die Todeszellen blieben offen, die Delinquenten waren an einen Mauerring gekettet. So sprach Pfarrer Ohm sie noch. Ob Anne sich jetzt des Wortes Apost. 5,29 erinnern konnte, das sie auf dem Grabstein des Bruders gefunden hatte; ob sie jenes Mädchen gewesen ist, das nach einer Chronik an diesem Nachmittag »wie eine Heilige starb«; oder ob sie es war, die zum Schafott ein Foto in den gefesselten Händen mitnahm, um für ihre Augen einen Halt zu finden – wir wissen es nicht. Pfarrer Ohm schrieb einige Jahre später auf eine Anfrage: »Ersparen Sie sich die technischen Einzelheiten, mein Haar ist darüber weiß geworden.«

Die Frauen wurden in kurzen Abständen über den knochengrauen Hof zum Schuppen des Henkers geführt. Dorthin durfte kein Geistlicher sie begleiten. Wer da, neben dem dreibeinigen Tischchen mit Schnaps und Gläsern, als Augenzeuge Dienst tat, der Admiral, der Staatsanwalt, ein Oberst der Luftwaffe als Vertreter des Generalrichters und ein Heeresjustizinspektor, der schwieg sich aus nach dem Krieg, um seine Pension nicht zu gefährden. Nur darüber berichtet das Register: Auch an diesem 5. August waltete als Nachrichter der Pferdeschlächter Röttger seines Amtes, der für seinen Schalk berüchtigt war und der, fast auf den Tag genau, ein Jahr später den Feldmarschall von Witzleben und elf seiner Freunde in Drahtschlingen erwürgte. Diese Hinrichtung wurde gefilmt, weil der Führer und sein Stab sich am Abend in der Reichskanzlei ansehen wollten, wie die Männer verendeten, die am 20. Juli 1944 versucht hatten, das Regime zu beseitigen. Ein Staatssekretär hat überliefert, daß selbst der satanische Parteigenosse Hitlers, sein Propagandaminister, während der Filmveranstaltung sich mehrmals die Hand vor die Augen hielt.

EPITAPH

Die Berliner Anatomie
erhielt in den Jahren 1939–1945
die Körper
von 269 hingerichteten Frauen

Professor Stieve im »Parlament«
am 20. Juli 1952,
dem 8. Jahrestag
des gescheiterten Attentats
auf Hitler

Anekdote

> »Wer vor siebenhundert Jahren Metaphysiker gewesen wäre, ist heute Ontologe, und das heißt, daß er den rationalen Aspekt durch den irrationalen kontrapunktiert. Er besteht auf dem Vorbehalt gegenüber den positiv rationalen Aussagen, und ebenso gegenüber den positiv irrationalen. Über das Irrationale läßt sich nichts Striktes sagen; es erhält den Rang des dämpfenden Faktors. Diese Dämpfung ist alles, was vom ehemals religiösen Verhalten übrigbleibt, aber dieser Rest darf niemals als belanglos behandelt werden.«
>
> *Otto Flake*

Sehr gern besuche ich sehr alte Menschen: Sie wissen, was kein anderer mehr weiß; sie glauben weder einer Religion noch einer Ideologie, sondern höchstens dem – und auch dem nicht alles –, dessen Gesicht und Stimme sie überzeugen; sie nehmen außer ihrer Ernährung, diesem Letzten, das sie erotisiert, nichts mehr völlig ernst; sie haben immer Zeit, denn sie stehen am Ufer zur Ewigkeit, von der wir zwar nichts ahnen – die jedoch immerhin den Zeitbegriff der hier noch Geschäftigen als blödsinnig erweist; in fast allem, was sie sagen, ist schon dessen ironische Aufhebung – überhaupt ist bei allem Lebensverdruß Heiterkeit um sie, die zwar nicht wärmt, sie auch vor keiner Verbitterung schützt, ihnen jedoch die Sicht weitet wie an sehr späten, kalten Oktobertagen die Sonne, die auch nicht mehr wärmt, aber aufklart. Um sie ist jene Freiheit, die total Ausgebombte nicht selten vor der Ruine ihres Hauses verspürten. Komik verdrängt oft alles Ehrwürdige, das ihrer Erscheinung das Alter »geschenkt« hat – nichts hassen sie so sehr wie diese »Geschenke«. Hamsun, der dreiundneunzig wurde, äußerte schroff, das Alter mache nicht weise, sondern alt – »und sonst nichts«. Ein Mann, den mehr als fünfundachtzig Jahre derart ausgetrocknet und kleingeschrumpft hatten, daß er nicht viel höher mehr war als sein Urenkel, der Abc-Schütze, war auch luftleicht und sagte selber, er müsse, damit ihn nicht der Wind davonblase, in jede Hand ein Bügeleisen nehmen, wenn er ausgehe. Doch selbst dann, wenn ein Gespräch mit ihnen nicht einmal mehr einen solchen Witz »einträgt«, weckt noch die wortlose Anschauung sehr alter einzelner ähnliche Empfindungen wie die sehr alter Bäume, an die man ja auch nicht mit der Frage herantritt, ob sie noch tragen. Und wenn diese Uralten sich meist nicht mehr erinnern können, was vor sechzig Minuten geschehen ist oder was sie da sagten, weshalb sie es noch einmal sagen oder noch zweimal – was vor sechzig Jahren geschah, das berichten sie exakt und mit jener unhastigen Anschaulichkeit, mit der Zeitlupenfilme abrollen. Wer kann benennen, was ihren Berichten eine Aura gibt, die das Berichtete für damals Mitlebende noch nicht besaß? Seit kurzem liebt man sogenannte »Oldtimer«, doch niemand vermöchte anzugeben warum; die Seltenheit dieser frühen Automobile ist an sich noch kein Wert: vor zehn Jahren, als noch kein Mensch sie aus irgendeinem Schuppen ans Licht zog, da waren sie schon ebenso rar, ohne als Rarität bezahlt zu werden. Daß die Welt sie so plötzlich wieder schätzt wie den Jugendstil, hat Ursachen, die so tief liegen, daß ich ihnen nicht auf den Grund komme . . .

Sicher ist nur: niemals spricht lange Vergangenes so unvermittelt zu uns wie durch einen Menschen. Zum Beispiel diese Greuelgeschichte aus dem Napoleon-Krieg: würde sie uns, die der Hitler-Krieg abgestumpft hat, aus einem Buch so tief anrühren? Doch von einem Buben zu hören, dem anno 1806 die Soldateska Napoleons deshalb beide Augen ausgestochen hat, weil er in der Mark Brandenburg versprengten, geschlagenen Preußen auf der Flucht Lebensmittel in ihr Waldversteck trug, das trifft mich ins Zentrum, weil die Tragödie dieses Blinden, der übrigens Jude war, mir mündlich überliefert wird von seiner Urenkelin. Heute, einhundertvierundsechzig Jahre nachdem dieser Junge als barmherziger Samariter geblendet wurde, ist die Erzählerin einundneunzig – die Witwe von Karl Jaspers in Basel.

Als ich mit David Irving, dem britischen Historiker, in Konstanz arbeitete, trafen wir auch jemanden, der nicht durch Bücher, sondern noch durch seinen Vater eine Geschichte Napoleons überliefern konnte, die bewies, daß nichts Neues geschieht, jedenfalls nicht unter Tyrannen. »Dort an dem Ufer«, sagte ich, »wohnt ein vergessener Dichter, dessen Vater noch Finanzminister im Kabinett Bismarcks war.« Irving, der schon nachrechnete, rief: »Unmöglich!«

»Gehen wir zu ihm«, schlug ich vor, und nannte den Namen: Wilhelm von Scholz. »Nie gehört«, antwortete Irving, als sei er ein Deutscher; ich erklärte ihm unseren Landesbrauch: von Dichtern über siebzig druckt und rezensiert man in Deutschland Bücher erst dann wieder, wenn die Verfasser tot sind. Wenn sie noch leben, dann läßt man sie verhungern – seelisch, indem man sie mißachtet; körperlich, indem man sie wirtschaftlicher Not ausliefert. Tierschutzvereine haben wir zwar in jeder Stadt, aber betagte Dichter, obgleich zuweilen bissig, sind eben keine Tiere.

Der Vierundneunzigjährige saß mit einer Decke auf seiner Uferbank am Bodensee. Ich nannte ihm, während er seine blutleere, geflügelgelbe Hand, die sehr kalt war, ziemlich lange in meiner ließ, nicht nur Irvings Namen, sondern auch dessen Bücher, das über den Untergang Dresdens, jenes über Hitlers und von Brauns Londoner Raketen und endlich die Geschichte des Traumes von einer deutschen Atombombe. Daß Menschen zum erstenmal auf dem Mond gelandet waren, vor acht Tagen, das wußte Scholz vermutlich nicht mehr, obgleich er es erfahren hatte. Die Bestürzung über die ersten Atombomben war jedoch schon ein Vierteljahrhundert alt – und so holte sein Gedächtnis sie mühelos herbei. »Otto Hahn hat mich immer besucht, wenn die Nobelpreisträger hier tagten«, sagte Scholz, »aber Hahn wurde ja nicht alt, kaum sechsundachtzig.« Die deutschen Atomphysiker seien zweitrangig gewesen, habe Hahn behauptet.

Irving antwortete: »Hahn selber nicht – und auch jene nicht, die Hitler vergast hätte, wären sie nicht emigriert, zum Beispiel Einstein.«

Er habe aber oft gelesen, erinnerte sich Scholz, die deutschen Physiker seien zwar fähig gewesen, die Bombe zu bauen, hätten das jedoch aus moralischen Erwägungen abgelehnt. Irving antwortete, nicht zuletzt um diese Legende zu zerstören, habe er sein Buch geschrieben. Er schilderte, wie die tonangebenden Physiker in Berlin, obgleich sie bis ins dritte Kriegsjahr mit ihren Forschungen nahezu ebenso weit vorgedrungen seien wie die Angelsachsen, das Projekt dann als undurchführbar verworfen hätten: ein Irrtum!

Als sie nach Hitlers Tod den Siegern »beweisen« mußten, dem Installateur von Auschwitz Widerstand geleistet zu haben, erfanden sie die These – und glaubten alsbald selbst daran –, sie hätten aus ethischen Motiven dem Hitler die Bombe vorenthalten. Scholz fragte, ob alle diese Physiker dem Irrtum verfallen seien, die Bombe sei unbaubar?

»Einer nicht«, belehrte uns Irving und nannte dessen Namen: Manfred von Ardenne!

»Ardenne?« Scholz reagierte mit der Geistesgegenwart eines Fünfzigjährigen – weil er seit fünfzig Jahren Ardenne kannte: »Mit seiner Großmutter, die hier am Bodensee wohnte, sprach ich oft: Sie beide, meine Herren, kennen Sie auch als – Effi Briest. So nannte Fontane Else von Ardenne, als er ihre Tragödie dichtete: sein Roman ist die Geschichte dieser Frau, die übrigens ein ganz respektables Alter erreicht hat: sie wurde neunundneunzig ... Aber was hatte denn ihr Enkel mit Hitler zu tun?«

Der Brite antwortete: »Gar nichts, Gott sei Dank! Denn Ardenne, heute das Genie der DDR, war der einzige Deutsche, der schon 1940 wußte, wie die Atombombe zu bauen sei. Zum Glück für die ganze Welt haben jedoch die tonangebenden Physiker in Berlin den jungen Ardenne so wenig für voll genommen, wie jemals von Fachleuten ein Outsider respektiert worden ist; denn dieser Ardenne hatte nur vier Semester Physik studiert und war kein promovierter Akademiker.«

»Lustig«, sagte von Scholz, und Vergnügen huschte über sein hochgehaltenes Gesicht, dessen Augen fast geschlossen waren, so daß er an ein aristokratisches Lama erinnerte – aber bezeichnend für Hitler sei das doch eigentlich nicht; der habe doch unorthodoxe Leute und Methoden geschätzt.

Anfangs gab Irving zu, aber dann sei doch auch Hitler schon so sehr vernagelter Fachmann geworden, daß er deren Generaltick übernommen habe: immer müsse der Dienstweg eingehalten werden – was ja der sicherste Weg ist, fähige Originale von der Mitwirkung auszuschließen. Auch Ardenne, von allen Fachleuten bekämpft, vermochte den »Dienstweg« nicht einzuhalten. Dann habe also Hitler niemals von ihm erfahren?

»Doch«, gab Irving Auskunft und lachte, »aber auf einem Umweg, nämlich über den Postminister! Die deutsche Post hatte damals sehr viel Geld für ihre technische Forschung – so wandte Ardenne sich dorthin und überzeugte den Minister, der sich eigens bei Hitler melden ließ, um Vortrag über die Möglichkeiten zu halten, die – wie er sagte – Uranbombe zu bauen.«

»Und was geschah?« – fragte ich, während Scholz nur nickte und lautlos lachte, als kenne er Irvings Antwort bereits.

»Hitler«, sagte Irving, »warf seinen Postminister hinaus – wütend belustigt. Das war in den Monaten seiner äußersten Ratlosigkeit: Als Herr des bis dato größten Landheeres der Geschichte hatte er Angst vor nassen Füßen, vor einer Invasion Großbritanniens und ließ nur deshalb den Überfall auf Rußland vorbereiten.«

Scholz sagte: »Hieß der Minister nicht Ohnesorge? – da war schon der Name, als der Hitler gemeldet wurde, eine höhnische Provokation. Denn ohne Sorge war ja nun der Diktator zweifellos keine Minute.«

»Hitler«, ergänzte Irving, »hat Ohnesorges Vortrag noch mehrfach sarkastisch kommentiert: Während er und sein Generalstab sich die Köpfe zerbrächen, wie dieser Krieg zu gewinnen sei, bringe ihm die Lösung nun ausgerechnet sein – *Post*minister!«

»Mein lieber Mr. Irving«, hub Scholz feierlich an, und seine Augen, die halbblinden Rokoko-Spiegelscheiben ähnlich waren, hellten sich auf, »diese Geschichte hat mir schon vor fünfundsiebzig Jahren mein Vater erzählt.«

Irving runzelte die Stirn: Sie sei aber doch erst vor fünfundzwanzig Jahren passiert!

»Nein«, sagte Scholz, »da hat sie sich wiederholt – zweifellos nicht zum letztenmal. Bismarck hat sie meinem Vater wiedergegeben. Er hatte sie vom Kanzler Metternich, den er so kurz vor dessen Tod auf Schloß Johannisberg besuchte, wie jetzt Sie beide, meine Herren, mir dankenswerterweise Ihre Aufwartung vor meinem Tode machen ... Ich bin ja auch sicherlich schon zehn Jahre älter, als bei Bismarcks Besuch Metternich war, der überhaupt nicht sehr alt wurde, nur sechsundachtzig ... wovon sprachen wir doch?«

Ich soufflierte ein Stichwort, Scholz nahm es auf: »Als Napoleon die Preußen so rasch niedergeworfen hatte wie 1940 der Hitler das arme Frankreich, da sammelte er bekanntlich – wie später Hitler – seine Invasionstruppen gegen England in Boulogne. Um diese Zeit wurde Metternich zu Napoleon gerufen, der in der Wiener Hofburg seines Schwiegervaters residierte. Metternich mußte warten, dann hörte er den Korsen schreien – und jetzt flog eine Tür auf und ein Mann heraus, und Napoleon bat Metternich herein und entschuldigte sein Benehmen: Es sei aber auch empörend dumm, was alles ihm zugemutet werde! Da habe doch Livingstone, der Gesandte Amerikas in Paris, ihm per Empfehlungsbrief einen Irrsinnigen auf den Hals geschickt. Dieser Idiot habe soeben behauptet, auf dem Hudson ein Schiff ausprobiert zu haben, das mit kochendem Wasser fahre – und solche Schiffe wolle dieser Verrückte nun für ihn, Napoleon, bauen, damit ein französisches Invasionsheer unabhängig von Flut und Wind in Dover landen könne! ›Schiffe ohne Segel!‹ schrie der Kaiser. Dann wiederholte er leise, und seine Worte hopsten, so lachte er: ›Schiffe ohne Segel!‹ Doch dieser Hinausgeworfene, überlieferte Metternich via Bismarck, war Robert Fulton, der Erfinder des Dampfschiffs.« Scholz ergänzte: »Lord Acton bestätigt, daß Fulton bei Napoleon war.«

Eine Pause entstand.

Ich bat, mir zu erklären, wieso einer, der so gierig Geschichte las wie Hitler und der wie Hitler den Zweifrontenkrieg gefürchtet habe – durch das Fiasko Napoleons in Rußland erstens nicht abgeschreckt worden sei, den gleichen Weg zu gehen und, zweitens, sich eine zweite Front zuzuziehen.

Hitler wußte, daß sein Moskau-Botschafter Schulenburg wörtlich die gleichen Argumente benutzte, ihn vor dem Abenteuer zurückzureißen, die Napoleons Petersburger Botschafter Caulaincourt gebraucht hatte, um den Vorgänger vor Rußland zu warnen. Warum marschierte er dennoch?

Scholz antwortete: »Es gibt mehr, als wir wissen. Doch unsere gegenwärtige Geschichteschreibung wird nicht nur langweiliger, das heißt: stoffiger und statistischer, sondern sie wird unwahrer in dem Maß, in dem sie alles rationalistisch plattwalzt, was sie ›dokumentieren‹ nennt. Man fliegt jetzt niedrig. Man hat vergessen, daß Burckhardt hellsichtig gewarnt hat vor dieser, wie er sagte, Arbeitsamkeit als Zerstörerin der religiösen Instinkte. Als werde, was nicht der Mensch mit seinen Projektionsapparaten an die Wand werfen kann – gar nicht an die Wand gemalt, als gäbe es deshalb kein Menetekel mehr, weil wir verlernt haben, es zu sehen. Aber die Zahl der Antennen, die der Mensch hat, bleibt konstant – unsere sind besetzt. Goethe, nur vierzig Jahre vor meiner Geburt gestorben, sah noch, wie die Dämonen ›ihre Pfoten in all dem Spiel haben‹: Das war sein Ausdruck. Dämonen, die aus trügerischem Blau auf Blitzen herbeireiten oder sich langsam einschleichen wie der Schwamm in eine Hauswand – waren für ihn noch eine ebenso fest einzukalkulierende Realität wie Depeschen, die Thurn und Taxis brachte. Wie kommt ausgerechnet Wissenschaft dazu, die Existenz der Dämonie nicht nur zu leugnen – sondern in blöder Ignoranz zu arbeiten, als gäbe es sie deshalb nicht, weil sie schwieriger zu dokumentieren ist als ein Tagesbefehl? Gibt es etwa einen Befehl Hitlers, Auschwitz einzurichten? – bestimmt nicht! Idiotisch, daraus zu folgern, Hitler habe diesen Befehl nie erteilt: Das Ernsteste dokumentiert einer *nicht*! Lesen Sie, wie vor fünfzig Jahren Joseph Roth gehöhnt hat über den Spleen dieses Dokumentarismus – als sei nicht jede Elektion von Fakten ebenso Manipulation wie jedwede Entscheidung, was einer dokumentiert, nämlich dem Papier anvertraut.«

Scholz schwieg, ich ergänzte, Jaspers habe geschrieben: geradezu das »Unheil menschlicher Existenz« beginne damit, etwas deshalb als nicht existent wegzuleugnen, weil es »nicht wissenschaftlich wißbar« sei.

»So – Jaspers!« sagte Scholz und rümpfte merklich die Nase, »der ist ja nun auch schon gestorben und war erst sechsundachtzig. Aber er hatte natürlich recht: Man will zu viel erklären können – es ist ja legitim, dieses Kausalbedürfnis, doch opfert man ihm den Blick ins Irrationale, ins Unterbewußte, die beide als politische Dynamos Entschlüsse und Bewegungszwänge, Antriebe oder Rücktriebe auslösen – sagen wir doch: Geisteskrankheiten, die dann ganze Zeitalter aufmarschieren lassen, anfangs zu Paraden, endlich zu ihrem Totentanz. Das meinte Nietzsche mit der unheimlichsten und schlauesten aller seiner Einsichten: daß nämlich Individuen von Geisteskrankheiten nur ausnahmsweise erfaßt werden, Völker und Zeitalter aber in der Regel! Sprechen wir gar nicht von dem außergewöhnlichen Eroberungseros eines Flurbereinigers wie Kalif Omar oder Alexander, den die auf ihre Clique übertragen und sodann – keineswegs als Zwang, sondern als Fieber – auf ein ganzes Volk, das ihn auch dann orgiastisch mitgenießt, wenn schon aus jeder seiner Familien einer unter den Hufen bleibt. Nehmen wir als Beispiel doch nur eine welthistorisch gesehen völlig provinzielle und niemanden mehr interessierende Seuche, die dreihundert Jahre lang den Namen Elsaß-Lothringen trug und zwei zeitweilig höchst kulturbeflissene Völker ohne jeden Sinn auf Schlachtfeldern zur Ader ließ: Plötzlich, wie gekommen, ist sie derartig auskuriert, daß niemand mehr verstehen kann, wieso diese beiden Völker je durch den Wahn aggressiv wurden, nicht nur irgend etwas, sondern die Existenz hinge davon ab, unter welcher der zwei Flaggen dieser Landstreifen da lebe ...«

Wir schwiegen. Irving fragte endlich: »Woher kommen diese Ideen, die Sie Geisteskrankheiten nennen, also Imperialismus oder Weltrevolution oder Christianisierung oder ›Seegeltung – Weltgeltung‹?«

»Junger Mann«, sagte Scholz, »das dürfen Sie heute nicht sagen – es trägt das Verdikt unwissenschaftlich, verderben Sie Ihren Ruf nicht!« Der Sarkasmus brachte Licht in seine Augen. Scholz murmelte wie ein Geständnis: »Ananke nannten die Alten das Verhängte, das Nicht-mehr-Deutbare ... das doch eine Realität wird, der wir sowenig entrinnen können wie beispielsweise (ein sehr greifbares Beispiel, daher so vordergründig und flach) unsrer Geographie, die doch auch schicksalbestimmend ist wie das Zeitalter, dem einer angehört.«

Ich versuchte, mich aufzulehnen: »Und der freie Wille, die Vernunft, die historische Erfahrung – vermögen die nichts gegen das, was Sie Ananke nennen, gegen die Zwänge aus dem Irrationalen?«

Scholz sagte: »Doch, sicherlich – aber wieviel? Das unheimlichste ist: die da an Elsaß-Lothringen ›glaubten‹, ihre Söhne dafür schlachteten, generationenlang, links des Rheins wie rechts des Rheins – diese Besessenen waren nicht weniger intelligent als wir, nicht weniger historisch erfahren; wovon hängt also ab, was eine Generation ernst nimmt, wodurch sie sich zum Veitstanz, zum Harakiri anheizen läßt? Sucht sie nur Vorwände für Ereignis-Lust? Gab es je Krisen, die *nicht* friedlich beizulegen gewesen wären? Aber Momente, wo eine gesegnete Zivilisation sich gleichsam selber abstreift, sind rational weder zu deuten noch herbeigeführt; Vernunft ist da so wenig der Veranlasser wie beim Akt, wenn ein Paar die Kleider abstreift und in der Enthemmung den einzigen Ausweg sucht aus dem, was Aggressionen anhäufte, aus Friedlichkeit, aus Überdruß, aus Raublust, Beutegier, Rache, Besitzertrieb, Langeweile, Glück, Angst, Ennui, Ziellosigkeit, Not oder Mangel an Not: gesucht wird – unbewußt – die Erschöpfung; sie wird keineswegs nur als Ergebnis von etwas anderem hingenommen, sondern gesucht als Zweck, als Voraussetzung für das, was Völker ebenso brauchen wie einzelne: Ruhe auf Zeit ...

Da steht jetzt jede Woche in der Zeitung, daß einer in Hamburg neue Papiere über den Ausbruch des Ersten Weltkrieges stapelt! Ach – lesen Sie einmal die verschollenen Memoiren des Schwagers des letzten Zaren: Was ist ein Dokument (meist eine Notiz zur Irreführung der Nachwelt) – gemessen an einem solchen Stimmungstonband! Der Krieg kam 1914, weil in allen Metropolen die Leute verrückt waren nach Krieg!«

Irving unterbrach: so habe auch der alte Churchill seinem Arzt diesen Ausbruch erklärt. Weil alle Völker zutiefst ihn gewollt hätten, sei der Erste Weltkrieg (im Gegensatz zum Zweiten, den allein die Hitlerclique wollte) unvermeidbar gewesen ...

»Dieser Russe», fuhr Scholz fort, »überliefert eine bemerkenswerte Entdeckung: Als Einzelwesen, schreibt er, hätte es keine hundert von den Millionen Europäern nach Krieg gedürstet; doch als Kollektiv-Angehörige – jeden! Er beschreibt seine Reise aus London über Paris und Berlin nach Petersburg: seine vergebliche Suche nach einem, der Ende Juli noch bei Verstand gewesen wäre! Und er fand zwei einzelne; und ein Großfürst muß ein außerordentlicher Mann sein, der *das* zugibt: Diese zwei einzelnen seien die Sozialisten Jaurès und Liebknecht gewesen – der Franzose wurde ermordet, der Deutsche eingekerkert, weil sie damals wagten, die Greuel des ersehnten Gemetzels vorauszusagen! Wenn Friedrich Engels den Parisern nachsagte, sie vereinigten ›die Leidenschaft des Genusses mit der Leidenschaft der geschichtlichen Aktion wie nie ein anderes Volk‹ – so war das eine Beobachtung, die vielleicht damals dort zutraf; heute aber halt auf andere und morgen auf wieder andere zutrifft. Ewigkeitswert an dieser Feststellung hat nicht ihr Bezug auf Frankreich, sondern die schaudervolle Tatsache, daß die Menschen um des Genusses willen die geschichtliche Aktion suchen – obgleich oder weil sie immer schon gewußt haben, daß bei dem ersehnten Bacchanal *eigenes* Blut nicht weniger gesoffen wird als feindliches! Gerade der Normalbürger, wenn ihn seine Normalität anödet – und das geschieht verständlicherweise oft –, will zutiefst das ›Schlachte-Fest‹, wie kleine Leute sagen, wenn sie ihr Schwein abstechen. Schlachte-*Fest*, was für ein Wort! Und die feinsten Spitzen des Geistes, epochemachende Ästheten: wollen genau das gleiche; lesen Sie, wie zwanzig Jahre vor 1914 Valéry von seinen Kriegsvisionen, die ihn wie eine trunkene Flut überwältigten, Gide vorschwärmte! Benn sagte über diese dauerhaftesten Friedensjahre, die je Europa gesehen hat: ›Die Mythe des Menschen schrie nach Exekution‹ ... Warum? Warum!«

Vom See kam Kälte auf, der alte Mann wollte ins Haus. Ich sah zum erstenmal in einem Gesicht Anstrengung, die Lider zu heben. Noch einmal sprach er mich an: »Sie fragten, warum der Hitler dem Napoleon folgte? Hatte nicht schon der Korse die Katastrophe Karls von Schweden vor Augen? Und wußte doch zweifellos auch, wie Friedrich der Große den Schwedenkönig wegen seines Marsches nach Rußland genannt hat: den ›Hanswurst im Furchtbaren‹.«

»Auch Hitler folgte dem Schweden!« – es erregte Irving, als ihm das einfiel. »Wissen Sie, was 1942 Hitler ausgerechnet dort getan hat, wo die Russen 1709 in *einer* Schlacht die Großmacht Schweden vernichtet haben?«

Scholz reagierte rascher als ich: Ob Hitler je in Poltawa gewesen sei? Irving nickte: »Im Hauptquartier seiner Heeresgruppe Süd – für wenige Stunden!« Was zog ihn dorthin, entgegen seiner Gewohnheit, die Generale in *seine* Befehlszentrale kommen zu lassen? Diesmal fuhr Hitler eigens zu ihnen – und wörtlich trifft auf *ihn* der Satz zu, den man aus Biographien Karls XII. schon kennt: »Hier und heute, in Poltawa, erlebte er seinen letzten Tag als ungeschlagener Feldherr.« Hier gab er seinen letzten Befehl, der weitere Siege versprach – doch hier auch, zehn Tage später, an einem dreizehnten Juli, nahm er ihn zurück, entließ er seinen General, teilte dessen Heeresgruppe – und leitete jene Schlacht ein, deren direkte Folge Deutschland ebenso als Großmacht auslöschte wie einst die Schlacht von Poltawa die Großmacht Schweden. Die Abkommandierung der Sechsten Armee zum Alleingang nach Stalingrad kam aus – Poltawa!

Mutterliebe

Für Georg, der dies – dies auch – angeregt hat.

»Der König weiß von Ihrem ganzen Anschlag,
durch Kundschaft,
die sie sich nicht träumen lassen.«

Shakespeare, »König Heinrich V.«

Zeitungen meldeten am 5. August 1985, daß im burgundischen Avallon ein Fünfzigjähriger mit seinem Gewehr einen Zwanzigjährigen erschossen hat, in der irrigen Annahme, der Junge habe ein vom Alten gezähmtes, ihm dann aber entwischtes Eichhörnchen getötet; der Zwanzigjährige hatte es tot aufgefunden und dem Alten gebracht . . . Und lange ist es noch nicht her, daß auf der Autobahn drei Menschen umkamen, weil ein vierter – am Steuer – bei hoher Geschwindigkeit einem Eichhörnchen ausweichen wollte, das die Fahrbahn überquert hat. Beide Nachrichten erneuern die Mahnung, diesem auch Eichkätzchen genannten Sciurus vulgaris – »auszuweichen«, das kann man ja nicht mehr sagen, seit an diesem Ausweichmanöver drei Menschen gestorben sind; sagen wir vorsichtiger: daß es nie gut war, einem Eichhörnchen zu begegnen. So erzählen schon Historiographen vom Hofe Ludwigs XIV., daß nur ein Eichhörnchen Seine Majestät veranlassen konnte, gegen seinen langjährigen Finanzminister Fouquet einen Untersuchungsausschuß zu bilden, als das Gerücht aufkam, der Minister habe öffentliche Gelder veruntreut. Als Ludwig das Schloß Fouquets besuchte, da habe ihn verstimmt, an vielen Wänden auf dessen Wappen das an einem Baum hochlaufende Eichhörnchen zu sehen, darunter den so aufreizenden wie anmaßenden Spruch: ›Wohin käme ich nicht‹ – ›Quo non ascendam‹. Jetzt war der König bereit, die Geschäfte dieses Hausherrn untersuchen zu lassen – der dann den Rest seines Lebens bei enteignetem Vermögen im Kerker absaß . . .

Nicht in seinem Wappen, doch in seinem Munde führte Hitlers Stabschef der Luftwaffe, der schon mit vierzig Jahren den Gipfel seiner Karriere erreicht hatte – vier Jahre später schoß er sich tot –, das Eichhörnchen: so sehr liebte und so oft wiederholte dieser Generaloberst die Redensart: »Der Teufel ist ein Eichhörnchen« – daß er offenbar darüber vergessen hat, daß solche Sprüche konkreten Erfahrungen abgewonnen wurden; und daß man nicht die Mahnung, die in ihnen enthalten ist, schon deshalb außer acht lassen darf, weil man einen solchen Spruch ständig im Munde führt ... Übrigens hat dieser General sich erschossen, ohne noch zu erfahren, daß der Teufel, als er ihn in seinen Dienst nahm, sich nicht damit begnügte, getarnt als Eichhörnchen zu kommen – er kam als etwas *noch* Lieblicheres getarnt: als Mutterliebe ...

Sie entschuldigte sich: »Wenn das senil ist, war ich schon mit dreißig senil. Und mein Vater immer. Die Schwester einer Großmutter hat mir noch erzählt, auch ihr Vater habe – wenigstens im Alter – stets lidschlagschnell die Augen voll Wasser gehabt, wenn er oder jemand sonst auch nur seine verstorbenen Eltern erwähnte!«

Der dreißig Jahre Jüngere sagte zu der Fünfundachtzigjährigen: »Was heißt da ›nur‹ – immerhin: die Eltern!«

Sie ergänzte lachend und so lebhaft, wie er nie eine so Betagte hatte sprechen hören: »... nur, das sollte nicht heißen: *nur* die Eltern; ich hatte sagen wollen, Eltern, die den nur normalen Tod alter Leute in ihrem Bett hatten sterben dürfen. Doch ich hab's halt geerbt, vom Urgroßvater schon, daß mir immer sofort das Wasser in die Augen schießt, sobald ich mich aufrege – und natürlich rege ich mich immer auf, wenn ich an den Jungen denke!«

Der Junge war ihr einziger Sohn, als Seekadett auf dem Schlachtschiff ›Bismarck‹ umgekommen, vor über vierzig Jahren. Und sie sagte und legte ihrem Besucher die Hand aufs Knie: »Das ist Treue, Günter, daß Sie sich aufgemacht haben, herzufahren zu meinem Fünfundachtzigsten, um mir dieses Foto von euch Seekadetten zu bringen; hätten Sie mir das Bild im Brief geschickt, dann hätte ich heute mit keinem über meinen Jungen reden können . . . Sie aber hätten sich's erspart, ›eine alte Frau weinen zu sehen‹, wie die letzte Zeile von Rilkes *Cornet* heißt . . . heißt die nicht so? *Cornet* war eines der Modebücher im Krieg; schon meine Generation kannte es beinah auswendig. Liest das noch jemand? Und die Novellen von Binding wurden viel gelesen – am meisten natürlich Carossa und Hesse; auch der Wiechert, von dem wir wußten, der habe sogar eine Weile im Konzentrationslager gesessen. Die wurden viel mehr gelesen als die Nazi-Schriftsteller, soweit ich weiß, und die Nazis ließen sich diese Dichter auch gefallen, weil die so unpolitisch sind. Liest man die noch?« Der Besucher sagte: »Hesse ist wieder ein Bestseller-Autor.«

»Mein Herbert, wie Sie wissen – war ja auch ganz unpolitisch, eben ein Poet, und Rilke war sein Gott, und die besten Gedichte des Jungen sind natürlich Rilke-Ableger. Ich gab ihm an Bord der ›Bismarck‹ zwei Bände Rilke mit, selbstverständlich. Wüßte ich doch nur einen Verleger, der die Gedichte Herberts druckt. Wenn schon sonst von ihm nichts mehr da ist! Wer wird von ihm noch jemals reden, wenn ich demnächst weg bin?«

Wieder traten Tränen in ihre Augen. Günter Neuenburg sagte: »Ihre Tochter wird den Bruder so wenig vergessen, wie ich den Freund vergessen kann: er war ja nicht nur der übliche Bordkamerad, deren gab's einige – er war mein *Freund*, mein einziger. Ein so enger, daß diese Freundschaft andere, Dritte, ausschloß. Mädchen hatten wir noch nicht . . . das war ja ganz anders als heute, man schwärmte sogar an Land nur von ferne, jedenfalls wenn man noch nicht zwanzig war wie wir.« Er schwieg, sah vor sich hin, als habe er ein Mädchen von damals vor Augen, dann fuhr er fort: »Seine Gedichte, ja, er zeigte sie mir. Ich will gern versuchen, einen Verleger zu finden. Stuttgart ist schließlich eine Verlegerstadt. Wenn ich persönlich auch keinen Schriftsteller kenne – außer eben unseren früheren Vorgesetzten auf der ›Bismarck‹, den vierten Artillerie-Offizier des Schiffs, den ranghöchsten der wenigen Offiziere, die aufgefischt wurden, Müllenheim-Rechberg. Er hat das gründlichste aller Bücher über die ›Bismarck‹ geschrieben. Ich will ihn gern bitten, den schriftstellerischen Nachlaß von Herbert seinem Verleger zu empfehlen.«

Die Frau fragte: »Müllenheim-Rechberg? Das Buch fehlt mir noch; wird man alt – entgeht einem alles!«

Sie hatte eine armlange Reihe von Büchern gesammelt, die alle die ›Bismarck‹ betrafen oder jedenfalls die Atlantik-Schlachten des Hitler-Krieges, und sie hatte sie außerhalb ihres Bücherschranks für sich aufgestellt, dort, wo auch drei Fotos von Herbert als Mariner standen: in einer abgeschlossenen westfälischen Barockvitrine, neben altem Silber und Porzellan. Und schon war sie zum Schreibtisch gegangen, rasch, riß – immer eilig, die rüstige Fünfundachtzigjährige, brettlang, brettmager – ein Blatt vom Terminkalender und wollte den Autor des ihr noch nicht bekannten Buches über das Schicksalsschiff ihres Sohnes notieren. Erschrocken sagte der Besucher, während ihm durch den Kopf ging, was er neulich bei einer Quiz-Sendung im Fernsehen mitbekommen hatte: daß allein in der BRD über siebenundzwanzigtausend Uralte leben, die 95 oder älter sind – jetzt sagte er: »Bitte, nein – Sie werden gestatten, daß ich Ihnen das Buch noch zusende, als nachträgliches Geburtstagsgeschenk.«

Doch er dachte, was bin ich für ein Idiot, daß ich das Buch erwähnt habe! Die ist so geistesgegenwärtig, daß sie's bestimmt nicht vergißt; und sie kann *sterben* nach der Lektüre! Er redete weiter, um die alte Frau vergessen zu machen, daß sie Autor und Titel hatte notieren wollen. Sie kam auch zu ihrem Sessel zurück, ohne den Zettel. Und als sie wieder Platz nahm, sagte sie, noch immer die Frau, die zeitlebens Personal genug gehabt hatte, um auch jetzt noch anzuordnen, ja zu befehlen; sie sagte gebieterisch: »Aber wenn Sie mir das Buch zusenden lassen von Ihrem Buchhändler, dann bitte ich mir aus, daß die Rechnung beiliegt! Bücher sind ja heute schrecklich teuer – ich weiß noch, wie die *Buddenbrooks* in Ganzleinen drei Mark fünfundachtzig kosteten – in Leinen!

Also, bitte, keinesfalls dürfen Sie's ohne Rechnung schicken – ich kann ja meine hohe Pension gar nicht verzehren.«

Sie hatte die opulente Pension einer Generalswitwe. Er dachte: So viel habe ich bei weitem nicht, im Monat; er war aber nicht nur ein schlichter Geschichts- und Englischlehrer, sondern immerhin Studiendirektor. Sie war schon wieder aufgestanden, nahm nun doch das Kalenderblatt und sagte: »Ich schreibe diesem Verfasser, diesem – wie sagten Sie: Vierten Offizier? Vielleicht besorgt er mir einen Verleger für meinen Sohn. Haben Sie die Adresse?«

Er hatte sie, doch sagte: nein. Er werde sie ihr schreiben. Und er wiederholte nur den Namen, setzte hinzu, von Müllenheim sei ein pensionierter Botschafter der Bundesrepublik, und plötzlich war er sich sicher, daß er risikolos die Adresse des Autors und sogar das Buch an die alte Dame senden könne, weil ihm einfiel, daß ja der Chronist zwar die letzten Details der Tragödie aufgezeichnet hatte, nicht aber *die Namen* der schätzungsweise achthundert Matrosen und Offiziere, die – fast schon gerettet – dem britischen Kreuzer beinahe in Griffnähe nahe gekommen waren und dann doch nicht aufgefischt wurden wie er selber und wie Müllenheim – sondern am nächsten Tag oder auch schon in der kalten Mainacht gestorben waren, weil das Schiff weggedampft war, ohne sie zu retten. Und da sie durch die Todesangst noch enger zusammengeblieben waren, bis zum letzten Moment, als während des ganzen Gefechts, so wußte Neuenburg, daß auch Herbert zu denen gehört hatte, die der See überlassen blieben, ohne begreifen zu können, was man ihnen antat . . . Wozu einen – wie oft hatte er im Rückblick auf Freund und Schiff das gedacht – wozu einen das Schicksal, was immer das sein mag, zuweilen aufhebt! Wie wäre doch den Kameraden, die einen Tag lang und eine Nacht noch oder wenigstens Stunden, Stunden, Stunden lang im Wasser sich zu Tode erschöpften, bis sie durch Kälte abstarben oder bis ihnen Möwen die Augen auspickten, wie wäre ihnen allen zu gönnen gewesen, gleich ihrem Admiral von der schweren Schiffsartillerie des britischen Schlachtschiffs ›King Georg V.‹ getötet zu werden. Anstatt unverwundet und voller Hoffnung, auf den beigedrehten britischen Kreuzer klettern zu können –: den Briten abdampfen zu sehen!

Die ruhelose Alte war längst wieder aufgestanden; denn da die Whisky-Stunde gekommen war, Viertel nach fünf – so glaubte sie, sie müsse ihrem Gast etwas anbieten, und wahrhaftig, er hatte ihn nun nötig, den Cognac, den sie ihm und auch sich selber hinstellte. »Oder nehmen Sie lieber einen Wodka – ich hab diesen polnischen, der schmeckte meinem Mann immer am besten!« Er entschied sich, den Wodka zu probieren: »Aber wieso sind Sie nicht müde, heute, nach der gästereichen Gratulationscour!« Sie lachte, tat das ab: »Ich hatte meinen üblichen Mittagsschlaf ... und dann hab ich die Enkel und die Urenkelin schwimmen geschickt« – vor dem Fenster lag, keinen Kilometer weit das See-Ufer –, »damit ich mit Ihnen noch allein reden könnte. Denn *das* ist mein Geburtstagsgeschenk – daß ich über Herbert sprechen kann. Von Ihnen, Günter, habe ich, gleich nach dem Krieg, das einzige bekommen, was mich – wenn man wach liegt; morgens, wenn es nebelt vom See her, werde ich seit Jahren in der Dämmerung wach –, was mich dann ein wenig trösten konnte: die Gewißheit, daß der Junge noch an Bord gefallen ist ... statt zu denen zu gehören, die da nicht aufgefischt wurden, sondern stundenlang sterben mußten ...«

Ihre Stimme war gekippt, sie wischte Tränen. Ihr Taschentuch, da zu oft gebraucht während dieses Gesprächs, war nicht mehr in der Tasche, sie hatte es in den Gürtel gesteckt, es dauerte, bis sie herausbringen konnte: »Doch ein Trost, daß Sie gesehen haben – daß er gleich tot war. Ich hab mir das in den vielen Jahren seither immer wieder als den einzigen Trost gesagt. Ich fragte mich oft und sprach mit allen darüber, die mich besuchen von den Freunden meines Mannes – woher wohl dieser englische Kreuzerkommandant den Vorwand genommen hat, die bald tausend ›Bismarck‹-Überlebenden einfach ertrinken zu lassen und abzudampfen mit seinem Kreuzer. Denn wenn er auch wirklich geglaubt hat, daß da ein deutsches U-Boot am Tatort sichtbar geworden ist: dann müßte dieser Engländer doch auch gedacht haben, aber *das kann er nicht gedacht haben!* – dieses deutsche U-Boot wolle ausgerechnet das einzige englische Schiff torpedieren, das ›Bismarck‹-Überlebende auffischte! Ein deutsches U-Boot, hätte es dort eins gegeben, würde sich ja wohl auf eines der britischen Schlachtschiffe gestürzt haben, um es zu torpedieren – nicht aber auf einen Kreuzer, und noch dazu auf *den*, der als einziger Deutsche auffischte!«

Ihr Besucher deutete mit Händen und mit einem her und hin bewegten Kopf Ratlosigkeit an: er vermute ja auch nicht, sagte er endlich, daß Captain Martin von H. M. S. ›Dorsetshire‹, der immerhin *ihm* und noch hundert anderen Deutschen das Leben gerettet hatte, daß Martin geglaubt habe – ausgerechnet *seinen* Kreuzer werde ein U-Boot dabei angreifen. Doch wollte Neuenburg das international noch immer gängige Klischee vom britischen fair play nicht anzweifeln. Leise sagte er, resigniert – und auch schon ein wenig ermüdet gegenüber einem Thema, das so oft wie dieses auf allen ihren Kameraden-Treffen seit Kriegsende und sogar schon im britischen Gefangenen-Camp erörtert worden war: »Martin hat sicher nicht vermutet, ein deutsches U-Boot greife *den* an, der Deutsche rettete, aber es könnte ja auch sein, daß die schweren Einheiten der Briten für ein deutsches U-Boot schon nicht mehr erreichbar waren; sofern da wirklich ein Boot gewesen ist – was aber nach dem Krieg nicht bestätigt wurde. Doch vergessen Sie nicht, gnädige Frau . . . den Briten war vor drei Tagen das stärkste Schlachtschiff der Welt in die Luft gejagt worden, sechs Minuten nach Gefechtsbeginn. Die ›Hood‹ war ja nicht versenkt worden, nach einer Seeschlacht – sondern war explodiert, weil eine ›Bismarck‹-Granate ihre Munitionskammer erwischt hatte – und *drei* Matrosen überlebten ihr Schiff, drei von über vierzehnhundert Mann und neunzig Offizieren: und das wußte seit Tagen natürlich auch dieser Captain Martin. Menschlich *fragwürdig* ist ein Racheakt immer – aber menschlich ist er auch, menschlich-schweinisch, wie leider das meiste, was wir Menschen tun. Wozu achthundert Deutsche auffischen – wenn die ausgerechnet von jenem Schiff kamen, das erstens keinen Versuch gemacht hat, beizudrehen und nach Überlebenden der ›Hood‹ Ausschau zu halten; und das zweitens ganze *drei* Männer von der ›Hood‹ am Leben gelassen hatte – drei, die nach Tagen von Engländern aufgefunden, aufgefischt wurden. Vielleicht wären es mehr gewesen, hätte am Tatort wenigstens das Flugzeug der ›Bismarck‹ nach ›Hood‹-Überlebenden die See abgesucht – aber das Flugzeug wurde zu dieser Suche gar nicht loskatapultiert! So überlebten drei die ›Hood‹ – drei von fast fünfzehnhundert. Doch wenn hier ein Grund vorliegt zu Anklage und Verbitterung: dann dürfen wir nicht die Briten anklagen, sondern unsere eigene Seekriegsleitung, die in nationalbewußtem Größenwahn zweitausendzweihundertundeinundzwanzig Männer mit der ›Bismarck‹ hinausgeschickt hatte – obgleich die Briten auf ein größeres und zwanzig Jahre älteres Schiff nur fünfzehnhundert Besatzungsmitglieder kommandierten! Die ›Bismarck‹, zwei Jahrzehnte moderner als der Brite: modernes technisches Gerät benötigt doch stets *weniger* Menschenhände zur Bedienung als veraltetes, wie das der ›Hood‹ veraltet war – wieso aber ›benötigte‹ angeblich ›Bismarck‹ ein Drittel mehr Menschen als die größere ›Hood‹? Und so wie wir Deutschen auch unsere eigenen Männer schon mit ›Bismarck‹ in Scharen zwecklos verheizt haben – so auch wieder zwei Jahre später, als im Eismeer die vergleichsweise so kleine ›Scharnhorst‹ – auch mit Hunderten von Seekadetten – in der Weihnachtsnacht versenkt wurde: sogar an Bord der ›Scharnhorst‹ waren fast fünfhundert Männer mehr als an Bord der fast zwanzigtausend Tonnen schwereren ›Hood‹! Selbst ›Titanic‹ hatte noch 14 Menschen weniger an Bord als ›Bismarck‹. Größenwahn hat ja nicht nur unsere ›größten‹ Aktionen, die zwei Weltkriege ausgelöst, sondern auch viele Tragödien *innerhalb* der Kriege mitbestimmt ... Ich wollte auch immer schreiben: ein Schulmeister wie ich hat ja vierzehn Wochen Ferien im Jahr; ich bitte Sie, was macht ein gesunder Mann mit vierzehn Wochen Ferien, wenn er dann nicht nur seine Familie schikanieren will? Ich wollte schreiben; alle historischen Archive stehen uns ja seit 1950 offen: aber ich konnte es nicht, weil es zu traurig ist für einen Deutschen, über Kriege zu schreiben; nicht weil wir die Kriege verlieren – sondern weil wir so blöd sind, noch blöder als ruchlos ... Das belastet zu sehr. So lerne ich lieber noch eine Sprache in meiner Freizeit ... ich lerne Chinesisch und gehe auch bald zum drittenmal schon nach Hongkong. Denn Chinesisch lernen – geht außerhalb Chinas nicht, jedenfalls mir fällt's zu schwer.«

Er war erleichtert, von Sprachen statt von Schlachten zu reden, doch Herberts Mutter sagte: »Schrecklich, sich auch noch sagen zu müssen, wie unnötig sie hinausgeschickt wurden, viele unsrer Jungen ...«

Unnötig, dachte Neuenburg, doch das sagte er nicht: Unnötig – um das so neutral, so farblos wie möglich auszudrücken, war überhaupt das alles. Aber das kann man einer Mutter nicht sagen, zuletzt.

»Unnötig« war keineswegs nur, siebenhundert Menschen *mehr* auf der ›Bismarck‹ als auf ›Hood‹ hinauszukommandieren in den voraussehbaren Tod. Neuenburg hatte sich »noch einen – diesmal aber doch lieber einen Cognac« erbeten; und war aufgestanden und sah zu dem See-Ufer hin, und er wünschte, die badenden Enkel kämen jetzt heim und brächten ihn und vor allem die Großmutter und Urgroßmutter ab von ihrem Thema. Er war ans Fenster getreten, um das Gesicht des Freundes abzuschütteln, das ihn jetzt wieder verfolgte – so wie er es zuletzt gesehen hatte: Herberts ölverschmierte Hände waren zum zweitenmal von einem der Taue abgeglitten und er war zurückgerutscht ins Wasser – und niemand mehr konnte ihm helfen, denn der britische Kreuzer, von dessen Deck diese Taue herabgelassen worden waren, damit ein paar wenige Deutsche sich an ihnen noch hochziehen konnten, so wie Neuenburg es schließlich geschafft hatte, *gerade noch* –, der Kreuzer nahm nun brutal volle Fahrt auf zwischen den Schwimmenden und machte, daß er wegkam. Brutal, sagte sich Neuenburg, weil durch das sofortige Aufnehmen der *vollen* Fahrt vermutlich einige, gar nicht so wenige der Schwimmenden in den Sog des Schiffs geraten und von den Schrauben in Stücke zerfetzt worden waren . . . hoffentlich auch Herbert: »Dann wäre er wenigstens gleich tot gewesen . . . statt womöglich von einem Hai gefressen zu werden!«

Nein, so beruhigte er sich, den Haien ist es am 27. Mai vermutlich so weit nordöstlich des Golfstroms noch zu kalt . . . Und so unschuldig er daran war, gerettet worden zu sein, während vor seinen Augen der Freund zurückfiel in die See – so sehr bedrückte ihn doch, absurderweise, jetzt und schon so oft das Gefühl, ihn im Stich gelassen zu haben. Verrückt. Aber daß *er* lebte – doch *der* tot war . . . Herberts Augen zuletzt, wie er geschrieen hatte – und sie hatten fast alle geschrieen, die da noch schwammen, als sie begreifen mußten, der Kreuzer dampfe auf und davon –, wie die Augen des Freundes ihn, der sich rettete, ansahen, zuletzt, die würde er nie mehr los . . .

Und er dachte noch, was ist das Leben – wenn eine Lüge das einzige Gute ist, das man der Mutter eines Umgekommenen noch zuteil werden lassen kann, die Lüge, Herbert sei gefallen – statt erfroren, ertrunken, nach Stunden . . . Stunden . . .

Jetzt hatte Neuenburg wieder seinen Admiral vor Augen, den Einundfünfzigjährigen, der ›Bismarck‹ und die ihm anvertrauten zweitausend in den Tod gefahren hatte, weil er – obgleich gewarnt vor der Ausfahrt – dennoch zwecklos seinem Führer funkte, wo er war . . . Des Admirals Gesicht, verzerrt durch Pessimismus und Arroganz – zuweilen verträgt sich das –, belegte geradezu, daß Unbelehrbarkeit sein Hauptcharakteristikum war: daß die schiffereichste Armada der Welt volle dreißig Stunden keine Berührung mit ihm hielt, der soeben das Flaggschiff dieser Armada vernichtet hatte – hätte doch Lütjens mindestens *eines* lehren können: daß die Briten ihn nicht fanden! Doch war er überzeugt, sie wüßten, wo er sei – und funkte seinem Führer, er fahre nach Brest, da Ölverlust ihn zwinge, den Plan aufzugeben, in den Atlantik durchzubrechen . . . Und da Lütjens ›Bismarck‹ der Vernichtung überantwortet hatte, so taufte nach dem Hitler-

Krieg die neue deutsche Marine ihr erstes großes Schiff auf den Namen: Lütjens ... um zu dokumentieren, sie sei keineswegs bereit, Folgerungen aus der Geschichte zu ziehen oder gar zuzugeben, Hitlers Admiral habe »seine« Besatzung aus Dummheit umgebracht ...

Nein, dachte Neuenburg – es ist zu deprimierend, zu beschämend für einen Deutschen, Geschichte des zwanzigsten Jahrhunderts zu schreiben; schriebe ich, ich wählte unseren sinnvollen Krieg, den der Befreiung von Napoleon ... Nun war er nicht mehr allein.

Die Unruhige hinter ihm, aus dem Zimmer gegangen, war zurück, sie ordnete irgend etwas an bei der Haushälterin; heute war sogar eine zweite Aufwartung da, wegen der Gäste. Diese Hektische, dachte Neuenburg, die würde mich wahnsinnig machen, hätte ich sie immer um mich; ihre Tochter hatte ihm erzählt, wenn sie in den Ferien bei der Mutter sei, dann müsse sie der Alten ausreden, schon morgens um sechs den Kaffee nicht nur zu kochen, sondern ihr auch ans Bett zu bringen. Die Alte redete wie eine lebhafte Sechzigjährige; wußte sie auch nicht mehr, was sie vor zwanzig Minuten getan und gesagt hatte – was sie vor zwanzig, vor vierzig Jahren gesagt hatte, das wußte sie noch bis auf den Wochentag genau. Jetzt sprach sie von der Stunde, zu der »diese verdammte Sondermeldung um halb sechs angekündigt wurde; immer noch habe ich die Liszt-Fanfaren im Ohr, die diese Meldungen aus dem Führerhauptquartier ausposaunten ... wir waren ja noch bedrückt, weil am Vortag, am Freitag, die Marine hatte zugeben müssen, daß die Engländer den berühmtesten deutschen U-Boot-Kommandanten zur Strecke gebracht hatten, diesen listigen Prien, der ihnen bald nach Kriegsbeginn in Scapa Flow ein Schlachtschiff versenkt hatte. Ich weinte, nach der Sondermeldung – doch mein Mann nannte mich hysterisch, denn für ihn war völlig sicher, Lütjens brächte euch und sein Schiff sofort zurück nach dem rettenden Norwegen, weil doch jetzt zweifellos die ganze Home Fleet Jagd auf die ›Bismarck‹ machen würde; mein Mann sagte: ›Die stürzen Churchill, wenn der nicht fertigbringt, uns *das* heimzuzahlen, denn die ›Hood‹ ist ja nicht irgendein Schiff, sondern das Flaggschiff des Empire, sein Stolz. Und deshalb kannst du beruhigt sein, das weiß auch Lütjens und bringt die Jungen auf dem kürzesten Weg nach Hause . . .«

Neuenburg unterbrach, leicht war's ja nicht für ihn, zu Wort zu kommen: »Sogar Hitler hat das gehofft und ist schlau genug gewesen, es nicht zu befehlen, weil er für möglich hielt, daß die Briten mithörten. Nur unser Admiral war nicht so intelligent und funkte in der Weltgeschichte rum – der Idiot funkte heim, daß er nach Brest fahre . . .«

Doch nun – totkalt und so plötzlich ein Fuchseisen zuschlägt – würgte Neuenburgs Hals die Garotte. Angesteckt von der Unrast der Rüstigen, war er wieder am Fenster mit seinem Cognac, vor sich den noch föhnschweren Augustspätnachmittag – nun mußte er sich die Krawatte lockern und setzen: *Damit* hatte er nicht gerechnet, heute früh, als er aufgebrochen war, einer Fünfundachtzigjährigen zu gratulieren! Die hatte, als der Ortsname Brest fiel – rasch, rasch wie sie alles sagte, hinzugesetzt: »Brest, ja – und das hat mich dann auch beruhigt für die nächsten, die letzten zwei Tage!«

Sie also, dachte Neuenburg, *sie* also ist es gewesen, die ihren Sohn und zweitausend Söhne anderer Mütter ersäuft hat.

Er hätte auch dann nichts sagen können, wäre er zu Wort gekommen. Doch er war so fertig, daß er »sie nicht einmal totschlagen konnte«, wie er das am nächsten Tag nannte . . . er wankte in den Sessel, weich in den Kniekehlen, und hörte die Alte weiter schwadronieren, während sie, statt wenigstens still zu sitzen, bereits wieder etwas *tun mußte*, zum Verrücktwerden: ihm wieder Kaffee nachschenken mußte, den er ja gar nicht mehr trinken wollte . . . diese Unrast, die vielleicht schon die Unruhe vor dem Grab war. Und Neuenburg hätte aufschreien mögen – doch saß er da, total unfähig, ihr auch nur ins Wort zu fallen. Ihr uferlos-ahnungsloses Gequatsche hatte ihm jeden Willen genommen, während er sich anhören mußte, in quälender Breite, was er ja nun *wußte*:

wie diese Frau es endlich doch noch – gegen jede Wahrscheinlichkeit – durch ihren vor vierzig Jahren vermutlich geradezu *teuflischen* Mitrede-Trieb zuwege gebracht hatte, den Briten die ›Bismarck‹ vor die Rohre zu liefern. Volle 31 Stunden lang hatten sie die Spur des flüchtenden Giganten verloren; als die Engländer dank der Mutterliebe dieser furchtbaren Frau das Schiff endlich doch noch wiederfanden – hatte die ›Bismarck‹ noch immer einen Vorsprung vor Admiral Sir John Tovey, dem Commander-in-Chief der Home Fleet, auf der ›King George‹, seinem Flaggschiff, von hundertfünfzig Meilen; und das schützende Brest war vierhundert Meilen – nur! – nahe . . .

Neuenburg dachte: ich gehe jetzt, ich muß jetzt sofort hier raus, oder es geschieht was so Sadistisches, daß ich . . . doch da waren wieder die Augen Herberts vor ihm, so wie ihn der Freund zuletzt angesehen hatte, ihn den Geretteten, er der Ersaufende . . . Und das hielt ihn zurück. Und da wußte er, das war nun der letzte ihm mögliche Freundesdienst: daß er es Herberts Mutter ersparte, ihr ins Gesicht zu sagen, daß *sie* es gewesen war, die ihren Sohn und die zweitausendundsechs anderen, die mit ›Bismarck‹ umgekommen sind, der Abschlachtung überliefert hatte . . .

Nicht frei von Genugtuung berichtete rasch und konzentriert und lückenlos die Alte, wie sie damals »in Berlin Himmel und Hölle in Bewegung« gesetzt hatte – um sich endlich beruhigen zu können, daß ihr Junge gerettet werde, weil die ›Bismarck‹ *nicht* in den Atlantik durchbreche, sondern Brest anlaufe. Ja, die Hölle, dachte Neuenburg. Sie aber empfand jene Genugtuung, die in jedem ist, der abseits lebt – doch davon sprechen kann, wie er früher einmal irgend etwas Bedeutsames bewirkt, gesteuert, erreicht hat. Ihr war bis heute erspart geblieben zu erfassen, was *sie* »erreicht« hatte – nämlich die Erreichung der ›Bismarck‹ durch die Briten, bevor die in Brest war. Ohne zu sprechen – das konnte er noch nicht wieder – ohne zu fragen, goß Neuenburg, die Füße da im Sessel weit von sich gestreckt, den Blick nach unten gerichtet, um das intelligente Gesicht der Bornierten nicht sehen zu müssen, sich abermals einen Cognac ein. »Wir konnten Jeschonnek erst gar nicht erreichen, denn er war selber nach Athen geflogen, um von dort Nachschub nach Kreta zu kommandieren – da ja die Landung der Fallschirmjäger auf Kreta beinahe im Blut erstickt wäre. Doch dann hat ja Jeschonnek sich auf mein Drängen hin von Athen aus mit Berlin in Verbindung gesetzt und bekam den Funkspruch der ›Bismarck‹ im vollen Wortlaut mitgeteilt – nun, und dann konnten wir erleichtert aufatmen, weil wir nun wußten, wohin das Schiff fährt« . . . vor allem aber, dachte Neuenburg, wußten das nun auch die Engländer, weil sie zwar noch nicht so weit waren, den Marine-Funkschlüssel zu entziffern, den Lütjens an Bord benutzte, um dem Führerhauptquartier mitzuteilen, wohin er sein Schiff steuere; doch den Luftwaffen-Chiffrier-Schlüssel, *den* konnten die Briten seit neun Monaten schon so mühelos lesen wie unsereiner die Zeitung; und da Jeschonnek Chef des Generalstabs der *Luftwaffe* war – wurde auf diesem Luftwaffen-Funkweg ihm nach Athen gemeldet, was der Admiral von Bord der ›Bismarck‹ Hitler gefunkt hatte . . . Und den Luftwaffen-Chiffrier-Schlüssel, *den* entschlüsselten die Briten in Minutenkürze . . . Und so hatten sie die ›Bismarck‹ wiedergefunden, nach 31 Stunden, in denen 64 britische Schiffe – die schiffereichste Treibjagd der See-Weltgeschichte! – und zahllose Flugzeuge ein Gebiet von über fünf Millionen Quadratkilometern vergebens abgesucht hatten . . . anderthalb Tage lang! Und nun schickten die Briten Trägerflugzeuge, und einem glückte, mit einem Luft-Torpedo das Ruder der ›Bismarck‹ zu demolieren, daß der Gigant nur noch Kreise fuhr und – kurz vor Brest – in Ruhe eingeholt, von Sir John Toveys ›King George V.‹ im Morgengrauen zusammengeschossen werden konnte . . .

Neuenburg, trocken im Schlund, sagte, um irgend etwas zu sagen: »Ja, danke, Wasser – ja, Wasser mit Kohlensäure hätte ich gern.« Er konnte ja nicht *noch* einen Cognac nehmen als Autofahrer, so nötig er ihn gehabt hätte. Die Uralte klingelte schon, ordnete an, beinah sofort kam das Wasser; Neuenburg sagte: »Für Herberts Bescheidenheit war auch typisch, daß er nie davon sprach, daß er ja diese direkten Beziehungen in die höchste Generalität hatte ... aber wenn der Generalstabschef in Athen war: wer hat ihm denn dann aus Berlin den Funkspruch der ›Bismarck‹ dorthin gefunkt?«

»Keine Ahnung«, sagte Herberts Mutter, während Neuenburg dachte: das ist die schauerlichste Umkehrung dessen, was man sonst unter Nepotismus versteht – wäre Herbert nicht der Neffe eines sogenannten großen Mannes gewesen, der wie die meisten großen Männer auch nur ein verhängnisvoller Stümper war: vielleicht lebte er heute noch – er und zweitausend andere! Teuflisch, dachte Neuenburg, ohne noch hinzuhören, was die Alte, so lebhaft wie schon lange Jahre nichts Gegenwärtiges mehr, jetzt erzählte – aber kaum hatte Neuenburg an den Teufel gedacht, da erwähnte ihn Herberts Mutter; sie sagte: »Der Teufel ist ein Eichhörnchen« – dieser Satz sei die immer wiederkehrende Redensart des Generalobersten Jeschonnek gewesen, wie auch des Führers Luftwaffen-Adjutant, Herr von Below, Jeschonneks engster Freund, es überliefere in seinem Buch. So, dachte Neuenburg, jetzt spricht sie schon nicht mehr von Hitler – sondern vom Führer: was nur belegt, daß sie zweifellos auch im Krieg nicht Hitler sagte, sondern: »der Führer« – wie wir alle; und des Führers Luftwaffen-Adjutant, dieser hübsche von Below, der neben Jeschonneks Vorzimmer ein kleines Büro unterhielt und Hospitant im Stabe Jeschonneks war, ohne deshalb aufhören zu müssen, Hitlers Luftwaffen-Adjutant zu sein, dieser Below wußte natürlich alles von der ›Bismarck‹, was auch Hitler wußte ... sollte *er* seinem engsten Freund mitgeteilt haben, was von Bord des verfolgten Schiffes seinem Hitler mitgeteilt worden ist? Die Mutter Herberts legte nun aus, was das Schicksal damit gemeint haben könne, sollte der Lieblingssatz Jeschonneks: »Der Teufel ist ein Eichhörnchen« – auch zugetroffen haben, als die ›Bismarck‹ versenkt wurde. Und sie hatte das schon so oft in den vergangenen vierzig Jahren anderen erzählt, daß sie es automatisch vorbrachte: »Mein Mann«, sagte sie traurig, und wieder wurden ihre schönen Augen naß, »hat oft mit Kummer davon gesprochen, daß die Wahrscheinlichkeit, ausgerechnet das Ruder eines so schnellen Schiffes zu treffen, eins – zu einer Million sei ... *das* war der Teufel, nicht wahr, nicht gerade in Gestalt eines Eichhörnchens, aber doch nur eines – denkt man – so harmlosen, altmodischen Doppeldeckers ... diese englischen Flugzeuge sahen aus wie die in meiner Jugend, wie die im Ersten Weltkrieg: und doch hatte der Teufel diese harmlose Gestalt angenommen, um die ›Bismarck‹ zum Stehen zu bringen oder vielmehr zum Kreise-Fahren« ...

Neuenburg war aufgestanden, um zu gehen: sonst kann ich's doch nicht lassen, ihr noch ins Gesicht zu sagen, daß nicht der britische Doppeldecker das Eichhörnchen war, das so harmlos aussieht, aber doch der Teufel ist – sondern daß sie selber, die übergeschäftige Mutter samt ihrer Sohnesliebe der Teufel war oder das Eichhörnchen oder der Teufel *im* Eichhörnchen oder – ach! Ach, wer das wüßte ...

Und laut sagte er, während sie erschrocken aufblickte und ihn daran erinnerte, er habe doch noch zum Abendessen bleiben wollen: »Ihr allzu guter Cognac, gnädige Frau, hat mir doch ein wenig stärker zugesetzt, als ich für möglich hielt – und ich will von der Autobahn herunter sein, ehe es dunkel wird. Und dann, wissen Sie, wenn ich dabeisitze auch heute abend noch –, das könnte doch Ihre Familienfröhlichkeit mit Enkeln und Urenkeln dämpfen, denn wenn Sie *mich* sehen, seinen Freund, wie sollten Sie dann nicht an Ihren Sohn denken ... wenden Sie sich lieber zum Ausklang Ihres Geburtstages der *neuen* Generation zu!«

Und sie widersprach nicht, doch auch wohl erleichtert, daß er abfuhr. Im Rückspiegel sah er sie zwischen den hohen Sonnenblumen im Vorgarten, und er dachte, so lieb wie sie jetzt aussieht – so lieb sieht nicht einmal ein Eichhörnchen aus, wenn sich der Teufel in ihm versteckt ...

Zwölf Blätter aus einem Geschichtsatlas

Geschichtsatlas

Jahre, »Taten« – an den Wind verloren.
In den Wind gearbeitet! – klagt Salomo.
Hekatomben hat Geschichte weggeschoren,
wüstgelegt, genarrt, von nirgendwo
und um nichts nach nirgends deportiert.

Brüder, Vettern, Kinder, Eltern
wie Benzin auf »Vormarsch«-Straßen
querweltein verbraucht, auf Feldern
an der Rollbahn abgeworfen – oder fraßen
Feuer oder Fische oder Strahlen ihren Leib?

Zum Beispiel die M.s am Markt, Friseur,
politikfremd veropfert – jeder hat sie gekannt.
Ich meine die M.s aus La Tranche-sur-Mer,
du meinst die aus Kiew – wie fliegenden Sand
hat der Kriegswind sie ins Nichts verschleudert.

Und der du's liest und der ich's schreibe:
wo wirft *uns* die Politik auf Abraumhalden?
Bomber kreisen – eine Bleibe
ist kein Haus mehr, längst verwalten
sie die Völker per Computerbank.

Du bist auch mit allen Steckbrief-Daten,
Reisen, Steuern, Leberflecken
längst gespeichert – vorgeladen,
kann kein Wald, kein Raum dich mehr verstecken,
wenn der Staat, gesichtslos, nach dir greift.

Johann Georg Elser

Unauffällig liquidieren, beim nächsten Luftangriff:
Gestapo-Brief vor Kriegsende nach Dachau.
Im Krematorium des KZs wird Elser
– geboren 1903 in Hermaringen –
vermutlich stranguliert, vielleicht erschossen:
die Zeugen, jetzt pensionsberechtigt, schweigen,
da sie die Mörder sind ...

Elf Monate vor Hitlers Weltkrieg
geht Elser, Sprengstoff zu entwenden,
als Hilfsarbeiter in den Steinbruch:
ein Deutscher ist so konsequent wie Hitler.
Gefoltert ein Jahr später, verhör-zermürbt
– er glaubt, Gott habe seine Tat verworfen –
nennt Elser ungebeugt nur *ein* Motiv:

Friede oder – Hitler! Der Tell totalitärer Zeiten,
Einsamster in seinem Volk, das ihn fast kollektiv
verriete, weil es den Führer liebt wie Bier
und Beischlaf – sogar noch, ja dann erst recht,
seit Hitler fünfzigmal mehr Menschen, als vor
dem Krieg in München wohnten, in Gräber wirft,
auf Aschehalden, dreihunderttausend vor die Fische

Vier Wochen früher als die Wehrmacht losbricht,
bricht Elser aus der Säule, die den Saal stützt
(hier hetzt der Führer jedes Jahr die Mitbanditen auf)
die ersten Steine für die Pulverkammer.
Kniet fünfunddreißig Nächte vor der Säule
– ein Bluterguß im Knie wird ihn verraten.
Die Taschenlampe abgeschirmt; Schutt, Steine

Trägt er in einem Köfferchen zur Isar.
Sechs Tage vor der Explosion
Uhrwerke, Zünder abzustimmen:
die Polizei glaubt nicht, daß er das konnte,
bevor er die Maschine nachbaut in der Haft.
Sooft er – vierzigmal – zum Tatort schleicht,
betritt er Kirchen, das beruhigt ihn …

Der Schwabe war nach sieben Dorfschuljahren
der prüfungsbeste Tischler-Lehrling.
Musiziert in Vereinen, spielt vier Instrumente,
beliebt bei Frauen, eheloser Vater. Bevor er
aufbricht, muß er die Baßgeige verkaufen:
braucht vierhundert Mark. Gewöhnt den Hund
des Nachtwächters im ›Bürgerbräu‹ an sich:

Bringt täglich Fleisch zum Zwinger
von seinem Mittagsteller dort im Gasthaus.
Hat, als er in die Schweiz will, noch zehn Mark.
Die Schwester schenkt ihm dreißig.
Damit reist er zurück nach München,
um seine Uhren nachzuprüfen … In Konstanz,
schon in Haft, hört er im Radio Adolf Hitler

Den Saal zu früh verlassen – elf Minuten!
Sieben Nazis tot, auch eine Kellnerin. Sechzig
verwundet. Noch sechs Jahrzehnte nachher nennt
kein Lexikon den Namen Elser! Nur München endlich
wie sein Heimatdorf haben Elser-Straßen:
Dies Volk liebt zwar die Freiheit
– doch nicht die, die sich für sie geopfert.

Churchill

»Ich bin kein Journalist, der über Ereignisse berichtet; ich mache Ereignisse, über die Journalisten berichten.«
Winston S. Churchill

Günstling des Glücks,
im Schloß seiner Väter geboren,
begraben in dessen Park
zwischen den Eltern – nach neunzig Jahren.
Der mehr Völker, Armeen, Schiffe *bewegt* hat;
mehr Seiten geschrieben, mehr Reden gehalten
als jeder – als jeder! – andere,
stirbt am 70. Todestag seines Vaters
nach dem Satz: »Es ist alles so langweilig« …

Gefoltert auf Schulen, weil er nie zuhört.
(Einmal drei Jahre in der gleichen Klasse.)
Denn er träumt. Träumt schon als Knabe,
wovon *allein* er träumen wird neun Jahrzehnte:
unsterblich zu werden! Größer als Englands
– bisher – größter Seemann, größter Soldat:
Drake und Marlborough, seine leiblichen Ahnen.
Träumt er das, weil er es wird
– wird er das, weil er es träumt?

Wo nichts geschieht – *macht* er's geschehn.
Erotomotorische Ruhmgier, doch wie er die sättigt:
Rettet die Freiheit. Was Themistokles bei Salamis
für Hellas, leistet Churchill mit der Battle of Britain
für Westeuropa. Verweigert *allein*, ein Noah,
das heißt: Mann der Ruhe, als Hitler Paris
schon besetzt hat, ihm den freien Rücken
zum Raubkrieg in Rußland. Gewinnt im Atlantik.
Einziger aller Menschen

Dessen Selbstbiographie, dreißig Bände:
Identisch wird mit der Weltgeschichte des halben
Jahrhunderts zweier erdballbewegender Kriege …
Sein Stern: Daß nicht sein Gegner
ein Feind ist wie hundert frühere,
wie bisher Fürsten, Heerführer, Diktatoren
– sondern das Tier aus der Tiefe,
der Installateur von Auschwitz:
Den überwunden zu haben, macht diesem

Einen und seinen Gefallenen
die *Menschheit* zum Schuldner – wenn es
Dresdens Verbrennung auch nicht entschuldigt.
War Criminal auch er, denn Gegner tauschen
Eigenschaften aus. Ermordet Sikorski, den Gastfreund.
Kein Eroberer, sondern Erretter – der erste
überkontinentalen Zuschnitts, von Suez über Singapur
(am Rand der Vernichtung) bis zur Elbe,
der fürs eigene Land kein Dorf annektiert!

Obenauf und in der Presse
fast siebzig Jahre lang.
Glücklich sogar noch privat,
trotz ererbter Melancholie
als Ausreißer, Ehemann, Vater und Trinker:
»Whisky mäßig, aber stündlich.«
Als Maler, Spaßmacher, Maurer.
Und was er schreibt, immer Chronik seiner selbst,
seiner Ahnen: erhält den Nobelpreis.

Und doch, letzter Seufzer,
weit jenseits der Achtzig, anvertraut
nur dem Arzt, Resümee
nach dieser Lebensstrecke ohne Beispiel,
was sagt er, am Bettrand:
»Diese Welt!
– kein Mensch, der sie kennt,
würde sie jemals
freiwillig betreten.«

Reiche

Beginn wie Ende: »Von der Karte streichen!«
Doch jede Waffe wird zum Bumerang.
Anschlag, »Preemptive strike« – Griff in die Speichen.
Heilschreie erst – dann Sturz vom Felsenhang.

Staatsmänner planen ohne Fragezeichen.
Empfang im Schloß – Flucht durch den Notausgang.
Marsfelder heute – morgen Krieger-Bleichen.
Auf jedes Kampflied folgt ein Grabgesang.

Sprecht nicht verächtlich von versunkenen Reichen:
Geschichte ist, was *jedem* Volk mißlang.
Aufstieg wie Fall ein Knüppeldamm von Leichen,
Ordensband gestern – morgen schon der Strang.

Aufruf

Bürger, streift ab für die Dauer eines Lidschlags die Angst.
Einmal seid stark für die Einsicht:
die Heimsuchung kommt nicht von Gott,
Eure falsche Ruhe ruft sie herauf.

Zieht ab vom Glauben, was Illusion war: ewig daure
die Langmut Gottes. Seine Geduld ist verbraucht.
Wer zählt die Söhne, die er gesandt hat,
sein Antlitz den Menschen zu zeigen?

*

Wir haben ihn nicht erkannt im bettelnden Kind,
nicht in der Greisin, die tot nur entdeckt wird,
weil sie dem Lichtableser nicht aufmacht.
Seine Not nicht erfaßt im Angstschrei junger Piloten,
die man vom Himmel schoß, bevor sie gelebt.

Bürger, die Ihr keine Hand rührt für den Nachbarn,
den die Polizei nächtlich verschleppte:
warum *Euch* bergen aus dem verschütteten Keller?
Wie oft, Ihr Zeugen staatlich gelenkter Erpressung,
habt Ihr wegsehend nur die Straße gemieden?

Sind wir erst selbst umstellt, wird dem Maß unsrer Feigheit
das Unheil entsprechen, das uns wegreißt aus unsrer Praxis.
Die Erde, uns allen mit gleichen Rechten geschenkt,
soll sie Feld sein und der Grund unsres Hauses
– oder nur unser Grab?

*

Gleichgültig liefert nun Gott uns der letzten Versuchung aus:
er tritt seine Allmacht ab an *uns*. *Wir* sind
die Herren der Apokalypse, der Tod *unser* Knecht.
Die Schleusen zur Sintflut bedient jetzt der Mensch.

Setzt Zeichen, entgiftet das Gas.
Schlaft nicht auf Bomben, entschärft sie. Und schützt
auch den Mächtigen vor der Macht, bewacht ihn.
Betet nicht, wachet, damit Ihr in Anfechtung fallet.

Weiße Mäuse oder Politik als Ursache ihrer Notwendigkeit

Aus Piranesis Carceri stammt das Gehäuse
des Tretrads in den Zoo-Geschäften:
Modell der Politik – wie weiße Mäuse
sich folge-»richtig« auf dem Rad entkräften.

Die Mäuse – scheinbar – haben keine Wahl,
hilflos dem Rad zu folgen, seinem Drehen . . .
In Wahrheit wird der Motor ihrer Qual,
auch ihrer Lust: das Rad, dem sie nicht widerstehen

Doch nur bewegt, weil sie es selber treiben!
Kann, wer den Tiger reitet, nie herab?
Will nicht der ›Mann der Tat‹ im Tretrad bleiben?
So setzt auch die Chemie Produkte ab

An denen In- und Umwelt so erkranken,
daß man Chemie benötigt, sie zu dämpfen.
Oh, Herren, die ihre Jobs dem Zwang verdanken,
die Folgen ihrer »Taten« zu bekämpfen!

Konjunkturkuli

Fünfundzwanzigtausend Kilometer
jeden Monat, jeden Monat,
aber keiner, keiner führt nach Haus!
Die Türkei, dem Touropa-Netz nicht angeschlossen,
einmal nur im Jahr seh ich sie wieder,
jährlich einmal meine Frau, die Kinder.

Speisewagen-Kellner, doch kassieren
darf ich nur, wenn ich mein Wägelchen
mit Getränken durch den D-Zug schiebe.
Eine Glaswand trennt uns von den Deutschen,
die uns »diese Leute« nennen,
»Läuse im Gepäck« und »Hammelfresser«.

Gruppen-Wohnung, keine Einzelzimmer.
Volksbad-Dusche weit im andern Stadtteil.
Gibt man uns für mehr Geld eine Wohnung,
die ein Deutscher nicht mehr nimmt,
gibt man uns für weniger Geld auch Arbeit,
die ein Deutscher nicht mehr macht.

Wer bemißt, wann ein Beamter
»angemessen« sagt zur Wohnung,
die ich »nachzuweisen« hätte,
wenn er mir erlauben sollte,
meine Kinder nachzuholen,
die hier keine Schule fänden?

Ohne Ende unsre Trennung –
doch ihr Ende wär' noch schlimmer:
keine Arbeit! Freizeit?
Kartenspielen, Wäsche, Briefe.
Hunde dürfen wir nicht halten,
denn ein Hund hält keinen Hund.

Manchmal muß ich mir ein Mädchen
kaufen – doch bezahlte Frauen
wecken Trauer nur um meine,
die in Anatolien hinwelkt –
Und wie alt ist jetzt mein Vater!
Ob ich den noch einmal sehe?

Asia

Piazza di Spagna, im Reisebüro, wandgroß
die Asien-Karte, englisch die Überschrift.
Lang sucht dein Blick, bis er – fern wie den Eskimos
Australien – am Rahmen-Rand Europa trifft.

Halbinselchen, nord-nordwärts, so entschwunden
wie Scapa Flow auf der Europa-Karte . . .
Ein Blick – Dein *Ein*blick: überwunden
hast du des Abendlandes enge Warte

Die dir die Heimat als zentral vorgaukelt, Nabel
der Welt, die ihr Gesetz empfing von den drei Hügeln:
Akropolis, Capitol und Golgatha: Nur eine Fabel
bleibt sie für Völker, die sie überflügeln

Und dereinst von uns sprechen wie wir von Rom, Athen!
Reisende aus Japan, Indien, Borneo:
wenn sie, wo London, Zürich stand – dann stehn,
befragen ihren Guide: War hier Europa irgendwo?

Selinunt

Städte der Griechen
an den Ufern Siziliens
aus euren Gezeiten
aus euren Geschicken
spricht unsre Zukunft.

Siebenundzwanzig
Jahrhunderte vor uns
von Dorern gegründet,
westlichste Hauptstadt
griechischer Siedler: Selinunt.
Einst Mare Africano.
Heut paradieren dort
Moskaus und Washingtons Flotten.

Kläglich nur noch
beklagenswert
die Steinschutt-Spuren
die nicht mehr erzählen
die nur mehr verschweigen
wie mit Schiffahrt und Reichtum
hier die Schöpferlust kam.

Amputiert durch »Geschichten«
benachbarter Krieger:
Trommeln von Säulen, Metopentrümmer
zerrissene Friese
verwaschne Reliefs: Erdbebenkrümel
vier leuchtender Tempel
einer Akropolis!

Darunter, was Stadt war:
ausgeschaufelt zwei Straßen von hundert.
Drei Häuser – »freigelegt«
. . . weniger als ein Knöchel von einem Bein!
Sträucher, Steine und Staub
Stille – die gleiche Decke
für Nekropole wie Großstadt

Was weiterlebt:
Flecken von Grün
zwischen Wust von Geröll,
Büschel der Petersilie,
die hier wild wächst
– sie gab Selinunt
ihren Namen.

Und das schaumdumme Meer
– unberührt wie ein Hai
den Schwimmenden wegreißt.
Siehst du es an, frontal
sticht es, Laserstrahl in der Sonne
das Auge dir aus.

Marc Aurel

Gegen Krieg und Pest hat er neunzehn Jahre
das ihm Anvertraute verteidigt, einen ausgedehnteren Staat
als jeden, den sonst die Geschichte kennt:
vom Firth of Forth bis zum Tigris, vom Nil
bis zur Mündung von Schelde und Rhein.

Vier Gütezeichen unterscheiden Marcus in seiner Mitwelt
von allen; in der Nachwelt von vielen, die herrschten:
Nie übertritt er Grenzen des Imperiums,
bevor Aggressoren sie verletzten. Weder tötet
noch versklavt er Gefangene: er siedelt sie an.

Ohne zu morden, hilft er die Christen zu unterdrücken:
er weiß, totalitär wird und Terrorist,
wer zu *einer* Idee – alle bekehren will.
Schließlich urteilt er milder, als die Gesetze fordern,
seine Maxime: »Die Menschen bei ihren Sünden lassen!«

Denn da er *sich* kennt – hat er Nachsicht auch für andere.
Zwar selbst adoptiert, adoptiert *er* keinen Politiker,
ihm das Reich zu vererben, sondern überläßt es schuldhaft
dem unfähigen Sohn: Familien-Liebe, wen blendet sie nicht!
Souverän überhört er das Gerede, das um die Kaiserin ist

Die dreizehn Kinder zur Welt bringt. Doch sie stirbt,
die ihm Unentbehrliche. Die Kinder, die meisten, sie sterben.
Zurück bleibt ›Le stoicien‹: So nennt der König von Preußen
sein Gedicht, das den Römer spanischer Abkunft
als Vorbild zeichnet. Doch allein im Trotz gleicht er

Der kein *Retter* wie Marcus ist – sondern Eroberer
dem Verteidiger, der nur herausgefordert vordrang:
Bis Venetien schon, Zehntausende verschleppend, waren
die Germanen in Italien, ehe des Kaisers Legionen,
befehligt von ihm, sie zurückwarfen bis zur Donau.

Einmal kämpft er acht Jahre fern der Reichshauptstadt
zwischen Erzgebirge und Orient – und spricht doch lieber
griechisch als Latein: seine Quelle bleibt Hellas!
Bedrückender noch als der Feind – wütet die Pest,
die bis zu zehntausend Menschen täglich hinrafft in Rom . . .

Hunderttausende sterben in den Provinzen. Nachwuchs
fehlt Bauern und Heer. Keine Steuern. Da läßt der Kaiser
in einer Auktion, die sechzig Tage dauert, die Schätze
seines Palastes versteigern, sogar die Gewänder:
steht doch das Volk ihm näher als sein Hofstaat.

So geht er auch in Rom wie ein Mitbürger immer zu Fuß.
Nur in Feldzügen reitet er: Michelangelo stellte die
wiedergefundene Reiter-Statue aufs Kapitol, die einzige
aus der Antike erhaltene: von den bilderstürmenden Christen
verschont nur deshalb, weil sie im Reiter das Abbild

Jenes Konstantins vermuteten, der das Christentum
zur Staatsreligion machte: fortan trat der Scheiterhaufen
als schimpflichste Hinrichtungsart anstelle der Kreuzigung;
der Fortschritt hat viele Gesichter . . .
Erschöpft stirbt Marcus, nur 59 Jahre, an der Front

In Wien am 17. März einhundertachtzig.
Der ›An mich selbst‹ sein Philosophikum überschrieb,
notierte, was damals kein anderer Herrscher gedacht hat;
und was heute jeder weiß – doch wer praktiziert es:
»Nur was dem Schwarm nutzt – nutzt auch der Biene.«

Dreihundert Jahre: die neunte Welle

»Früherer Kaiser
rauhe Geschlechter,
wie ihre Geschosse
sind sie verflogen.«
Mao Tse-tung: Schnee

1913: die Romanows feiern,
seit dreihundert Jahren regieren sie Rußland.
Vier Jahre später: der Zar ist erschossen,
verscharrt samt Familie.
Was blieb: auf amerikanischem Wodka
ein Etikett namens Romanow

Namen, Taten – nicht einmal mehr Rauch.
Gäste nur in Schlössern, ohne Spuren.
Der ich's reime, der du's liest: wir auch
– höchstenfalls als Schachfiguren
Staaten ausgehändigt zum Verbrauch-,
sind im Reigen der Kulturen
nur ein Lidschlag unterm Todeshauch.

Dreihundert Jahre dauern
auch in China vier Dynastien:
von 618 bis 906 die Tang.
Die Sung von 961 bis 1278.
Die Ming von 1368 bis 1644.
1912 treten die Mandschu ab
mit des Kaisers zweijährigem Neffen Pu Yi.
Einheitsgekleidet und willig,
ein Untertan Mao Tse-tungs,
stirbt er als Gärtner.

König, Bauer – beide, nach dem Spiel,
werden abgelegt im gleichen Kasten.
Nur ein Ende hat die Fahrt, kein Ziel,

ob der Segler auch mit vollen Masten
wieder einläuft oder Kiel-
oben als ein Wrack die Lasten
abwarf und im Sturm zerfiel.

974 gibt Otto II. Österreich
den Babenbergern. 1246 sind die erloschen.
Die Merowinger beginnen 430 den Aufstieg.
751 steckt den letzten ins Kloster
der Vater Karls des Großen, dessen Sippe
687 die Macht an sich riß.
987 verjagt den letzten Nachkommen Karls
aus Frankreich Capet. Auch die Medici:
1434 wird Cosimo Herr in Florenz
1737 stirbt dort der letzte seines Geschlechts.

Städte, Staaten – ach, wie rasch Ruinen,
welche scharfe Axt führt doch die Zeit.
Du wie ich nur Schwellen unter Schienen
auf dem Irrweg in Verlorenheit.
Denk an die Verbrannten – vor Kaminen.
Sieh auf andere, die eingereiht
– schlangestehen vor Guillotinen!

1619: Habsburgs steirische Linie
gelangt in Wien zur Alleinherrschaft.
1919: Rückkehr der Sippe in die Schweiz.
Ein Zürcher Juwelier zerschneidet den Florentiner,
um ihn vermarktbar zu machen.
Karl und Zita raubten Vitrine 13 leer
in der Schatzkammer der Hofburg,
ehe sie Wien verließen.

Opfer, Mörder – fragt noch wer, warum?
Staaten steigen auf, um – abzusteigen.
Sinn? – wieso: ein Pandämonium!
Nur der Rasenmäher kann uns zeigen,

wie Geschichte endet: gräserstumm
wie ein Massengrab – in Schweigen.
Umbra fui – nihil sum.

1618: der Herrschaft Berlins
wird Ostpreußen untertänig.
1918: Wilhelm der Letzte von Preußen
verläßt Schlüters Berliner Schloß,
das dreißig Jahre später geschleift wird.
Die Teller aus seinem »Silbernen Saal«
wird der Enkel des Kaisers verhökern:
dem Sohn jenes Feldwebels,
der in Persien 1925
ein Kaiserhaus gründete.

Generationen wie Wellen: erlerne am Meer
die Kategorien von Ebbe und Flut.
Der Kamm jeder neunten schwillt höher als der
Kamm der acht ersten – bricht ab dann und ruht,
befreit vom Zwange zur Wiederkehr ...
Neun Generationen ermüden das Blut,
das sind dreihundert Jahre: dann sinkt der Speer.

Tempel

Äcker, fast fruchtlos, der Pflug
lockert nur mühsam sie auf.
Kein Haus, weder Straße noch Grabmal
sind geblieben – ein Tempel allein,
dem mit den Betern auch Gott starb,
behaust nur von Sandwind
bezeichnet die Stadt noch:

Segesta.

Geh weiter auch du – eh' sie dich
ansteckt, die Schwermut:
sie brütet auf entleerten Altären.
Wo Markt war, Theater und City,
sind Dünen. Wo Menschen lebten,
ist – nichts. Oder du – momentan;
auch so lange nur wie dein Schatten.

Buchveröffentlichungen von Rolf Hochhuth

Der Stellvertreter. Schauspiel. Mit einem Vorw. von Erwin Piscator. Reinbek bei Hamburg: Rowohlt, 1963. (Rowohlt Paperback. 20.) – Der Stellvertreter. Ein christliches Trauerspiel. Mit einem Vorw. von Erwin Piscator und einem Essay von Walter Muschg. Ebd. 1967. (rororo 997.) – Dass. Mit Essays von Karl Jaspers [u. a.]. Ebd. 1971. (rororo 997.) – Dass. Mit einem Essay von Sabine Lietzmann. Ebd. 1976. (rororo 997.)

Die Berliner Antigone. Mit Illustrationen von Werner Klemke. Reinbek bei Hamburg: Rowohlt, 1964. [Unverkäuflicher Weihnachtssonderdruck.] – Die Berliner Antigone. Prosa und Verse. Einf. von Nino Erné. Reinbek bei Hamburg: Rowohlt, 1971. – Dass. Ebd. 1975. (rororo 1842.) – Die Berliner Antigone. Erzählung und Fernsehspiel. Zusammen mit Leopold Ahlsen. Paderborn/München [u. a.]: Schöningh, 1980. (Deutsche Textausgaben.)

Soldaten. Nekrolog auf Genf. Tragödie. Reinbek bei Hamburg: Rowohlt, 1967. (Rowohlt Paperback. 59.) – Dass. Mit einem Vorw. von H. C. N. Williams und einem Nachw. von Kathleen Tynan. Ebd. 1970. (rororo 1323.)

Guerillas. Tragödie in 5 Akten. Reinbek bei Hamburg: Rowohlt, 1970. – Dass. Ebd. 1973. (rororo 1588.)

Krieg und Klassenkrieg. Studien. Mit einem Vorw. von Fritz J. Raddatz. Reinbek bei Hamburg: Rowohlt, 1971. (rororo 1455.)

Die Hebamme. Komödie. Erzählungen, Gedichte, Essays. Reinbek bei Hamburg: Rowohlt, 1971. (Die Bücher der Neunzehn. 203.) – Dass. Ebd. 1973. (rororo 1670.) [Überarb. Fassung.]

Dramen. Der Stellvertreter, Soldaten, Guerillas. Mit Aufsätzen von Clive Barnes [u. a.]. Reinbek bei Hamburg: Rowohlt, 1972.

Lysistrate und die Nato. Komödie. Mit einer Studie: Frauen und Mütter, Bachofen und Germaine Greer. Reinbek bei Hamburg: Rowohlt, 1973. (das neue buch. 46.)

Zwischenspiel in Baden-Baden. Mit Zeichnungen von Werner Klemke. Reinbek bei Hamburg: Rowohlt, 1974. [Erw. Fassung von: Resignation oder Die Geschichte einer Ehe.]

Tod eines Jägers. Reinbek bei Hamburg: Rowohlt, 1976. (das neue buch. 68.)

Eine Liebe in Deutschland. Reinbek bei Hamburg: Rowohlt, 1978. – Dass. Ebd. 1983. (rororo 5090.)

Tell 38. Dankrede für den Basler Kunstpreis 1976 am 2. Dezember in der Aula des Alten Museums. Anmerkungen und Dokumente. Reinbek bei Hamburg: Rowohlt, 1979.

Juristen. 3 Akte für 7 Spieler. Reinbek bei Hamburg: Rowohlt, 1979. – Dass. Ebd. 1983. (rororo 5192.)

Ärztinnen. 5 Akte. Reinbek bei Hamburg: Rowohlt, 1980.

Räuber-Rede. 3 deutsche Vorwürfe. Schiller, Lessing, Geschwister Scholl. Reinbek bei Hamburg: Rowohlt, 1982.

Spitze des Eisbergs. Ein Reader. Hrsg. von Dietrich Simon. Reinbek bei Hamburg: Rowohlt, 1982.

Alan Turing. Erzählung. Reinbek bei Hamburg: Rowohlt, 1984.

Judith. Trauerspiel. Reinbek bei Hamburg: Rowohlt, 1984.

Atlantik-Novelle. Erzählungen. Reinbek bei Hamburg: Rowohlt, 1985.

Schwarze Segel: Essays und Gedichte. Vorwort Karl Krolow. Reinbek bei Hamburg: Rowohlt, 1986. (rororo 5776.)

War hier Europa? Reden, Essays, Gedichte. München: Deutscher Taschenbuch Verlag, 1987.

Täter und Denker. Profile und Probleme von Cäsar bis Ernst Jünger. Stuttgart: Deutsche Verlags-Anstalt, 1988. – Dass. Reinbek bei Hamburg: Rowohlt, 1990.

Unbefleckte Empfängnis. Ein Kreidekreis. Reinbek bei Hamburg: Rowohlt, 1988.

Sommer 14. Ein Totentanz. Reinbek bei Hamburg: Rowohlt, 1989. – Dass. Ebd. 1992.

Von Syrakus aus. Gesehen, gedacht, erzählt. Berlin: Verlag Volk und Welt, 1991.

Tell gegen Hitler. Historische Studien. Frankfurt a. M.: Insel Verlag, 1992.

Inselkomödie. Reinbek bei Hamburg: Rowohlt, 1993.

Julia oder der Weg zur Macht. Berlin: Verlag Volk und Welt, 1994.

Wessis in Weimar. Berlin: Verlag Volk und Welt, 1993. – Dass. Szenen aus einem besetzten Land. München: Deutscher Taschenbuch Verlag, 1994.

Nachwort

Rolf Hochhuth wurde 1931 im hessischen Eschwege an der Werra geboren.[1] Sein Vater war Schuhfabrikant, mußte seinen Betrieb aber 1932 in der Weltwirtschaftskrise aufgeben und trat als Geschäftsführer in eine Lebensmittelgroßhandlung ein, die der mütterlichen Familie Hochhuths gehörte. Am 3. April 1945 wurde Eschwege von den Amerikanern besetzt; Hochhuth betrachtet dieses Datum im Rückblick als tiefen Einschnitt seiner Lebensgeschichte. Den Eindrücken der Nachkriegsphase, ihren bestürzenden Erkenntnissen zur Vergangenheit schuldet er wohl sein besonderes Verhältnis zur Zeitgeschichte: das Gefühl der Betroffenheit durch sie und der Verpflichtung, literarisch engagiert auf ihre Fragen einzugehen. »Für mich, den ehemaligen Pimpf in Hitlers ›Jungvolk‹ [...] liegt die Auseinandersetzung mit Hitler allem zugrunde, was ich schrieb und schreibe«, erklärte er 1976 in einem Gespräch.[2]

1948 verließ er das Realgymnasium mit der Mittleren Reife und wurde Buchhändler. Von 1950 an arbeitete er als Buchhandelsgehilfe in Marburg, Kassel und München. 1955 trat er in das Lektorat des Bertelsmann-Leserings ein und wurde erfolgreicher Herausgeber von Erzählanthologien und von Werkausgaben, die ihm besonders am Herzen lagen (darunter Erich-Kästner-Texten, deren neusachlicher Ton und liberale Aufklärungstendenzen ihn beeindruckten, Ausgaben der Essays von Thomas Mann, den Hochhuth bereits in seiner Schulzeit bewunderte, und der Romane Otto Flakes, für deren Anerkennung er sich bis heute einsetzt). An seiner Edi-

1 Vgl. zur Biographie Rainer Taëni, *Rolf Hochhuth*, München 1977. Ein Verzeichnis der Schriften über Hochhuth findet sich in dem Hochhuth-Artikel von Peter Bekes im *Kritischen Lexikon der Gegenwartsliteratur* (Stand 1. 8. 2007).

2 »Mein Vater heißt Hitler. Fritz J. Raddatz im Gespräch mit Rolf Hochhuth«, in: *Die Zeit*, 9. 4. 1976. Vgl. auch Hanno Beth, »Aus vollem Herz mit lauter Stimme. Über einige Motive der politischen Publizistik Rolf Hochhuths«, in: *Text + Kritik 58: Rolf Hochhuth*, April 1978.

tionsarbeit (die er noch fortführt)[3] war Marianne Heinemann beteiligt, eine frühere Klassenkameradin. Die beiden heirateten 1957 und wurden 1972 geschieden. (Hochhuth, Vater von drei Söhnen, lebt seit 1963 als freiberuflicher Autor in Basel und ist heute mit Dana Pavic, einer gebürtigen Jugoslawin, verheiratet). Seine erste Frau stand in einer sozialistischen Familientradition. Ihre Mutter gehörte zu der Widerstandsgruppe um Arvid und Mildred Harnack und wurde 1943 in Berlin enthauptet, nachdem ihr zweiter Mann sich in einem russischen Bauernhaus erschossen hatte. Hochhuth integrierte 1963 diese Fakten abgewandelt in die Handlung seiner *Berliner Antigone*, die die Widmung »Für Marianne« trägt.

1959 debütierte Hochhuth (unter anderem Namen) mit *Resignation oder die Geschichte einer Ehe*, einer Erzählung in Form von Tagebuchnotaten einer ›betrogenen‹ Frau, die desillusioniert nach einem *Zwischenspiel in Baden-Baden* (so der Titel einer späteren erweiterten Fassung) zu ihrem Mann zurückkehrt, belehrt von ihrem Anwalt und Freund, daß der Anspruch auf eine glückliche Ehe »so verrückt [ist] wie die Erwartung eines glücklichen Lebens. [. . .] Ehe *ist* Dauer, Glück kann nicht dauern [. . .].«[4]

An der wenig beachteten Erzählung besticht, trotz ihrer gängigen Dreieckskonstellationen, zumindest der historisierende Blick auf die Geschlechterbeziehungen – die Liebesmoral im Krieg, die emotionale Verkapselung der jungen Ehefrau in der bürgerlichen Ordnung der fünfziger Jahre, deren übertünchte Rissigkeit ihr in der existentiellen Krise bewußt wird. Erst in dieser gesteht die Erzählerin sich ein, wie »verführbar« sie selber ist und war, »und also wie sehr darauf angewiesen, zu verzeihen« in einer Welt, wo ein Mensch,

3 Vgl. Rolf Hochhuth (Hrsg.), *Die Gegenwart. Deutschsprachige Erzähler der Jahrgänge 1900–1960*, 2 Bde., 1981; *Die zweite Klassik. Deutschsprachige Erzähler der Jahrgänge 1850–1900*, 2 Bde., 1983; Rolf Hochhuth / Hans-Heinrich Koch, *Die Kaiserzeit. Bilder einer Epoche. Aus dem Archiv der Hofphotographen Oscar und Gustav Tellgmann*, 1973 (neugestaltet 1985).

4 Zit. nach dem Neudruck in: Hochhuth, *Die Hebamme. Komödie. Erzählungen, Gedichte, Essays*, Reinbek bei Hamburg 1971, S. 21.

»der sich in religiösen Zeiten zu Gott hätte flüchten können«, vielleicht nur »in der Liebe noch seine Zuflucht erblickt vor der sinnlosen Geschichte, die ihn zerfetzen wird«.[5] Damit ist ein Motiv angeschlagen, das im umfangreichsten Erzählwerk Hochhuths *Eine Liebe in Deutschland* 1978 eine tragende Funktion erhält.[6]

1959 brachte Hochhuth eine Wilhelm-Busch-Gesamtausgabe heraus, die in kurzer Zeit eine Auflage von einer Million Exemplaren erreichte. Hochhuth erhielt dafür von Bertelsmann einen Dreimonatsurlaub, den er in Rom zu Studien für sein Erstlingsdrama *Der Stellvertreter* verwandte. Dessen Manuskript gab der Verleger Heinrich Maria Ledig-Rowohlt (nachdem Hochhuths erster Verlag die Publikation nicht mehr wagen wollte) an den Regisseur Erwin Piscator, der als Repräsentant eines episch-politischen Theaters in der Weimarer Republik berühmt geworden war. Piscator inszenierte das Stück des Unbekannten an der »Freien Volksbühne« in Berlin. Die Uraufführung am 20. Februar 1963 bezeichnet eine Zäsur der deutschen Theatergeschichte und brach einer neuen Richtung der politischen und geschichtlichen Dramatik Bahn: dem realistisch-kritischen Dokumentar-Theater (mit Autoren wie Heinar Kipphardt und Peter Weiss), das dem Theater der sechziger und frühen siebziger Jahre sein charakteristisches Gepräge gab. Seit dem Tode Brechts wurde kein Theaterstück so zum Politikum wie dieses vielumstrittene »christliche Trauerspiel«, ein »Drama der Entscheidung«, das zwar in vielen Ländern gespielt wurde, aber an vielen Orten, auch in der Bundesrepublik, bis heute nicht aufgeführt werden kann (und das nach der Meinung des Autors wohl überhaupt nicht aufgeführt worden wäre, hätte es nicht damals Piscator gegeben – dem es ja nicht zuerst

5 Ebd., S. 32.

6 Das erschütternde, auch mentalitätsgeschichtlich bedeutsame Buch greift einen realen Fall auf: die Liebe eines jungen Polen und einer deutschen Ladenbesitzerin in einem südbadischen Dorf während des Zweiten Weltkriegs. Sie werden denunziert; der Pole kommt an den Galgen, die Deutsche ins KZ – als Opfer eines barbarischen Staates, aber auch einer Mentalität, die – im Unterschied zum ›Dritten Reich‹ – nicht nur ›von gestern‹ ist.

angeboten worden war und der schon 1966 starb).[7] Der Basler Germanist Walter Muschg, die Philosophen Karl Jaspers und Ludwig Marcuse stellten sich – wie viele andere Intellektuelle von Rang und Namen – im *Streit um Hochhuths »Stellvertreter«*[8] auf die Seite des Autors; die Zahl seiner klerikalen und politischen Gegner war Legion und umfaßte den späteren Papst Paul VI., wie mehrere europäische Regierungen.

Die »Geschichte«, die die einzelnen Menschen ›sinnlos zerfetzt‹, ist in der vorangegangenen Erzählung der Rußlandfeldzug Hitlers, im *Stellvertreter* der ›Holocaust‹ des ›Dritten Reiches‹, an dem nach den Maßstäben Hochhuths nicht nur der ›Führer‹, nicht nur die Repräsentanten des ›Bösen‹ in den Lagern oder ihre Handlanger mitschuldig sind, sondern alle in Deutschland und anderswo, die durch ihr Tun und Lassen, ihr Wegsehen und Schweigen den staatlich organisierten Genozid so, wie er vor sich ging, möglich machten. Mitschuldig war damit auch der ›Stellvertreter‹ in Hochhuths Drama: Papst Pius XII., der von dem Massenmord an den Juden wußte, aber es nicht für opportun hielt, seine Stimme dagegen zu erheben.

Im gleichen Jahr 1963 erschien, in der Frankfurter Allgemeinen Zeitung (allerdings gekürzt), auch Hochhuths Novelle *Die Berliner Antigone*. Damit lagen die beiden Texte vor, die wohl vor allen anderen Werken Hochhuths als ›klas-

7 Vgl. Hochhuths Nachruf auf Piscator in: *Die Hebamme* (Anm. 4) S. 459.

8 Vgl. die Sammelbände von Fritz J. Raddatz (Hrsg.), *Summa iniuria oder Durfte der Papst schweigen? Hochhuths »Stellvertreter« in der öffentlichen Kritik*, Reinbek bei Hamburg 1963, und von Reinhold Grimm / Willy Jäggi / Hans Oesch (Hrsg.), *Der Streit um Hochhuths »Stellvertreter«*, Basel/Stuttgart 1963. Vgl. ferner Otto F. Riewoldt, »›Nimm ein Brechmittel, du, der du dies liesest‹. Die katholische Reaktion auf Hochhuths ›Stellvertreter‹« [mit weiteren Nachweisen zu Broschüren und Büchern aus der *Stellvertreter*-Debatte], in: *Text + Kritik 58* (Anm. 2); Jan Berg, *Hochhuths »Stellvertreter« und die »Stellvertreter«-Debatte*, Kronberg i. Ts. 1977. Zur Diskussion um Hochhuth überhaupt vgl. noch Rosemarie von dem Knesebeck (Hrsg.), *In Sachen Filbinger gegen Hochhuth*, Reinbek bei Hamburg 1980; Reinhart Hoffmeister (Hrsg.), *Rolf Hochhuth. Dokumente zur politischen Wirkung*, München 1980; Walter Hinck (Hrsg.), *Rolf Hochhuth – Eingriff in die Zeitgeschichte. Essays zum Werk*, Reinbek bei Hamburg 1981.

sische‹ Texte des literarischen Humanismus in der postfaschistischen Epoche gelten und es verdienen (wie etwa Wolfgang Borcherts Werk oder die Nachkriegserzählungen Heinrich Bölls), in den Lesekanon der Schulen aufgenommen und künftigen Generationen überliefert zu werden. Doch ist Hochhuth seither kontinuierlich mit neuen Werken öffentlich hervorgetreten: Dramen und Aufsätzen, Interviews, Reden und Briefen, dankerfüllten Nekrologen (darunter auch einem bewundernden für Papst Johannes XXIII.), Gedichten und Erzählwerken, die z. T. unmittelbar politische Folgen hatten (die Abschaffung der englischen Theaterzensur, den Sturz des baden-württembergischen Ministerpräsidenten Filbinger, die Verbesserung der Wohnverhältnisse Obdachloser in mehreren deutschen Städten usw.). Sie sind – in jeweils unterschiedlichem Maß und bei unterschiedlicher Resonanz – insgesamt couragierte Beiträge zur literarischen Diagnose gesellschaftlicher Übel und zur Erhellung des moralischen Konfliktpotentials in unserem Jahrhundert. Als solche sichern sie Hochhuth einen festen Platz in der Geschichte der deutschsprachigen Gegenwartsliteratur und in der Sozialgeschichte des Dramas und Theaters. Seine dramatischen Sujets bringt Hochhuth so auf die Bühne, daß diese gleichermaßen zum politischen Tribunal und zur moralischen Anstalt wird. Der aktuelle Fall wird nicht verfremdet, sondern dokumentarisch belegt und unverblümt erörtert; zugleich aber steht er exemplarisch für Aspekte der menschlichen Natur (die Hochhuth für unveränderbar hält), die bleibende Disposition für kollektive Psychosen und Verbrechen, aber auch für den ethischen Anspruch, mit dem Gewissen, Gefühl und Verstand den einzelnen als solchen – heute wie ehedem – konfrontieren. Das singuläre Zeitstück über einen akuten Mißstand impliziert das generelle Lehrstück von der ›Naturgeschichte‹ des Menschen und von der Wiederkehr gleichartiger Konstellationen.

Hochhuth sieht in den Katastrophen der Geschichte einen Willen ohne Richtung, Explosionen von Energien, deren Ende in ihrer eigenen Erschöpfung liegt – wie es Hochhuths aufschlußreiche Reise- und Traumerzählung *L'Impromptu de Madame Tussaud* im Bild des Meeres versinnlicht, der »Wellenwalzen« von Taifunen, die, »zehntausendtonnenschwer, nicht ›voran‹-kommen, sondern sich, Spasmen ohne Endzweck, Entkrampfung durch Erschöpfung, nur hoch- und abtoben [. . .] – durchaus ohne Beziehung zu einem Ganzen, einem ›Gesamtablauf‹, den es offenbar in der Natur so wenig gibt – wie in der Geschichte«.[9] In Gedichten (*Zwölf Blätter aus einem Geschichtsatlas*) hat Hochhuth diese Auffassung drastisch und konzentriert zum Ausdruck gebracht und unter dem literarischen Einfluß Gottfried Benns und der *Strahlungen* Ernst Jüngers, unter dem philosophischen Schopenhauers, Spenglers, Theodor Lessings teils biologistisch, teils pessimistisch zugespitzt:

»Die zum Tode führt ist die Geschichte.
Und die Umwälzung der Machtgewichte

Hat nur *einen* Zweck: Potenzverschleiß.
Fortschritt, Endziel gibt es nicht;

– nur *ein* Kettenglied an vielen Ringen –,
schließt sich wie ein Mensch stirbt; von Gelingen

Sprechen nur die Heilsverkäufer [. . .]!«[10]

9 Zit. nach: *Die Hebamme* (Anm. 4) S. 62. Über Hochhuths Verhältnis zum Meer vgl. seinen Essay über Melvilles *Moby Dick* in: *»Zeit«-Bibliothek der 100 Bücher*, hrsg. von Fritz J. Raddatz, Frankfurt a. M. ²1980, S. 226, sowie den Abschnitt »Meer« in: Rolf Hochhuth, *Spitze des Eisbergs. Ein Reader*, hrsg. von Dietrich Simon, Reinbek bei Hamburg 1982, S. 72 ff.

10 Zit. nach: *Die Hebamme* (Anm. 4) S. 92. Die Geschichtsauffassung der lyrischen *Blätter aus dem Geschichtsatlas* steht auch hinter dem Vorschlag, das Patriarchat durch ein Matriarchat zu ersetzen, dessen Sexualismus (als »Potenzverschleiß«) die zerstörerischen Energien der Männergesellschaft ›schwächen‹ würde. Vgl. die einschlägigen Abschnitte in *Spitze des Eisbergs* (Anm. 9), das *Lysistrate*-Nachwort 1973 und die Diskussionsbeiträge in Hoffmeisters *Dokumente*-Band (Anm. 8). Diese Ideen (der Lektüre Bachofens mit veränderter Wertung abgewonnen) haben feministischen Widerspruch herausgefordert und stehen nicht im Einklang mit Hochhuths Menschengestaltung im Gesamtwerk (auch wenn sie sich für die Komödie *Lysistrate und die Nato* nutzen ließen und

Neben den Genannten hat besonders der skeptische Historiker Jacob Burckhardt, mit seinem Blick für die Versuchungen der Macht, auf das (nicht unproblematische) Geschichtsverständnis Hochhuths eingewirkt. Dieses könnte einen anderen Autor zum Fatalismus verführen, zu einer Vanitas-Predigt, die alles individuelle menschliche Handeln entwertet, oder zur Legitimation des jeweils Stärkeren. (Unter den Autoren, die Hochhuth beeinflußt haben, sind dementsprechend auch intellektuelle Repräsentanten der politischen Rechten.) Hochhuth aber begründet aus ihm die Verantwortung jedes einzelnen – nach Maßgabe seiner Möglichkeiten – für die gesellschaftlichen Verhältnisse in der großen wie in der kleinen Welt – im mikropolitischen Bereich lokaler deutscher Kommunalpolitik (in dem die soziale Typenkomödie *Die Hebamme*, 1971, spielt) wie im Makrobereich amerikanischer Machtkampf-Szenarien und Komplotte (*Guerillas*, 1970; *Judith*, 1984).

Gerade seine historische Skepsis befähigte – und sein Ethos nötigte Hochhuth, in Essays von polemischer Wucht und weitreichender Resonanz die Verklärungsschleier wegzuziehen, mit denen das politisch-ökonomische Establishment der Wirtschaftswunderperiode die sozialen Gegensätze zu verdecken suchte, aber auch den ›geschlossenen‹ Geschichtshorizont bestimmter hegelianisch-marxistischer Denktraditio-

vielleicht seine Hinwendung zu erotischen Gedichten – die in dieser an der Geschichte orientierten Auswahl fehlen – mit erklären). Letztlich engagieren sich Hochhuth und seine positiven Figuren nicht für eine maskuline oder feminine, sondern für eine humanere Gesellschaft, deren Entwurf (sei es als Zielvorstellung für Optimisten, sei es als Maßstab der Skeptiker für die Kritik am Bestehenden) nicht ein für allemal fixierbar ist, sondern von geschichtlicher Erfahrung abhängt. Hochhuths gegenwärtiger Entwurf lehnt leibfeindliche Traditionen dezidiert ab und favorisiert sensualistische im Sinne Heines oder Arno Schmidts (was positiv gezeichnete Priester-Individuen nicht ausschließt, wie der *Stellvertreter* zeigt). Literarischen Figuren Hochhuths – Frauen wie Männern – können gleichzeitig gegensätzliche Tendenzen zugeschrieben werden – Krieg und Frieden, Härte und Barmherzigkeit, Unterwerfung und Auflehnung. (Zu Bodo gehört, in der *Berliner Antigone*, die Kaserne wie das Verhältnis zu Anne, die ihn dort abholt; zur Wärterin das Funktionieren im System wie die Geste mit dem Apfel.) Aber Hochhuth scheint theoretisch den einen Bereich der Symbolik des Männlichen, den anderen der des Weiblichen zuzuordnen.

nen für sich aufzubrechen und sich von illusionären bzw. elitären Theoremen der Neuen Linken in direkter Auseinandersetzung mit Herbert Marcuse und Theodor W. Adorno zu distanzieren.

Zuweilen erklären sich schon die Titel seiner Stücke aus Hochhuths Geschichtsauffassung: *Lysistrate und die Nato* (eine Komödie von 1973) oder *Judith* (1984) verweisen auf Aristophanes und die Bibel – auf traditionsreich überlieferte Modelle, die Hochhuth ins Griechenland der Obristenjunta bzw. in ein Amerika der schrankenlosen Rüstung überträgt. Die menschliche Natur wirkt im Weltbild Hochhuths als Motor unaufhörlicher Veränderung und schafft immer neue Varianten von Grundmustern des Handelns und Leidens, von Situationen, in denen die Täterinnen und Täter in die Spuren früherer, historisch-mythischer Figuren treten, ohne ihre eigene geschichtliche Identität zu verlieren.

Dieses »In Spuren gehen« seiner Figuren (das an Erzählweisen Thomas Manns erinnert) deutet bei Hochhuth auf die bloße Vorläufigkeit und Bedingtheit der Ergebnisse eines politisch-moralischen Engagements für die Veränderung und Verbesserung der Welt (d. h. hier: nicht der Natur des Menschen, aber doch seiner Institutionen), auf die Sisyphus-Arbeit der geschichtlich Handelnden, die nie in einer paradiesischen Utopie zur Ruhe kommen kann. Sisyphus ist für ihn aber nicht nur die Figur des scheiternden, sondern auch »die politisch vorbildlichste; schon das ›Verbrechen‹, das zu seiner Verurteilung führte, macht ihn unendlich sympathisch und gegenwärtig: die Lästerung des ›Herrn‹!«[11]

Hochhuth glaubt zwar an keine universelle Heilsgeschichte (und damit auch an keine lenkende Hand, die das Versagen der Menschheit ausgleichen könnte), wohl aber an die Erreichbarkeit von historischen Nahzielen (unter denen so große sein können wie der Sieg über Hitler). Solche Probleme, auf die er unsere Aufmerksamkeit lenken will, sind z. B.: die fällige Ächtung des Luftkriegs gegen die Zivilbevöl-

11 »Vorstudien zu einer Ethologie der Geschichte«, zit. nach: *Die Hebamme* (Anm. 4) S. 400.

kerung (*Soldaten*, 1967, mit Churchill als großer, dennoch schuldiger Zentralfigur), der ausgebliebene Bruch mit der Justiz des ›Dritten Reiches‹ (*Juristen*, 1979; *Eine Liebe in Deutschland*, 1978) und die Praxis der Berufsverbote seit dem Radikalenerlaß von 1972.

Weitere Exempel sind die Degradierung der einzelnen zu Versuchsobjekten (etwa der Pharmaindustrie) unter dem Scheindiktat sozialer Anpassungs- und ökonomisch-wissenschaftlicher Sachzwänge (*Ärztinnen*, 1980), aber auch die problematischen ›Spielregeln‹, die Zensurmechanismen und Machtmißbräuche innerhalb des deutschen Literatur- und Theaterbetriebs (auf den sich mehrere Aufsätze Hochhuths kritisch beziehen).

Hochhuth selbst zählt gegenwärtig zu den Außenseitern des Theatersystems. Sein Erzählwerk wird zwar überwiegend toleriert und erreicht, zumindest über Verfilmungen, ein breites Publikum; seine Artikel werden beachtet (daß die Bonner Machtelite ihn ihretwegen unter die »Pinscher«, »Ratten und Schmeißfliegen« gerechnet hat, fällt literarisch nicht gegen ihn ins Gewicht).[12] Sein Einzelgängertum in der Theaterszene (nach dem Ende des Dokumentartheaters, dem seine Dramen, trotz seines Widerspruchs, zugerechnet wurden, und seit dem Durchbruch der Neuen Subjektivität) wird dagegen selten honoriert, öfter aber bekämpft. Nach dem Ende der politischen Literaturdekade, die er selbst mit eingeleitet hatte, verschlossen sich immer mehr Theater Hochhuth und dem politischen Gegenwartsdrama überhaupt. Die Kritik (in den siebziger Jahren zunehmend auf ganz andersartige Autoren wie Thomas Bernhard oder Botho Strauß eingeschworen) irritiert die Diskrepanz zwischen der dennoch fortdauernden Wirkung Hochhuths, seiner Attraktivität fürs

12 Zur Diskussion der Äußerungen von Bundeskanzler Erhard bzw. Franz Josef Strauß vgl. Hoffmeisters *Dokumente*-Band (Anm. 8) und den Anhang bei Taëni (Anm. 1). Dem Bundeskanzler Helmut Schmidt hielt Hochhuth vor, den von Terroristen entführten Hanns Martin Schleyer zu Unrecht der Staatsräson geopfert zu haben. Die Vorstöße Hochhuths richteten sich nach keiner Parteilinie (wohl aber von Fall zu Fall, wie in der Filbinger-Debatte, die Angriffe gegen ihn).

Publikum, und ihrem eigenen Geschmacksverdikt über seine Sprache, die »Polit-Kolportage« seiner Konspirationsmotive, seinen formalen Traditionalismus. Weithin ignoriert man seine rhetorisch-kommunikativen Stärken, begründet fälschlicherweise seine Wirkung nur aus seinen Themen und Stoffen und legt formale Schwächen und Grenzen seiner Stücke (die leicht erkennbar sind) mit einer Schärfe bloß, die kein anderer Dramatiker gegenwärtig so zu spüren bekommt. Der »Immer-noch-mal-Aufklärer« wird verspottet: »Die deutsche Theaterkritik mag ihn – als Objekt ihrer höhnischsten Verrisse.«[13]

Hochhuths dramatisches Schaffen liegt quer zu allen etablierten Dramaturgien. »Der Publizist unter den Dramatikern« und der »Dramatiker unter den Publizisten«[14] macht die Rückzüge der Neuen Subjektivität (der er sich mit dem Hemingway-Stück *Tod eines Jägers*, 1976, nur scheinbar angenähert hat) ins Unpolitische nicht mit. Er verweigert sich der Verweigerungsästhetik der »Kritischen Theorie«, die ihr Maß an Becketts *Endspiel* nimmt, verzichtet auf die Distanzierungstechniken der Brecht-Tradition wie auch auf die Stilmittel des grotesken und absurden Theaters, das in der Zeit seiner literarischen Anfänge als *die* ›moderne‹ Theaterform gegolten hatte. Er hält an der Möglichkeit der Tragödie, d. h. aber auch: an der individuellen Verantwortlichkeit des Men-

13 Vgl. Urs Jenny im *Spiegel*, Nr. 47, 19. 11. 1984, und *Die Zeit*, 9. 4. 1976 (Anm. 2). Anders reagierten namhafte Literaturwissenschaftler wie Karl Otto Conrady, Peter Demetz, Walter Hinck, Hans Mayer, Robert Minder, Walter Muschg, Hans-Joachim Schrimpf, Egon Schwarz, u. a. m. – Zu den permanenten Ansatzpunkten der Kritik gehört Hochhuths Breite, auch im Zusammenhang mit der Gepflogenheit, die Buchfassungen seiner Stücke als große Lesedramen anzulegen, die für Aufführungen stark gekürzt werden müssen, so daß jede Inszenierung u. U. einen anderen Text präsentiert. (Soweit die Intention des Dramas gewahrt bleibt, sehe ich darin keinen Nachteil.) Der eigentliche Spieltext wird (wie die narrative Kernhandlung in *Eine Liebe in Deutschland*) mit Kommentaren, Beschreibungen, Reflexionen und Dokumenten angereichert, so daß der *Leser* (wohl nicht zu seinem Schaden) ein episch-dokumentarisches Drama vor Augen hat und der Charakter der Einfühlungsdramaturgie durch die historisierende und kommentierende Präsentation relativiert wird.

14 Vgl. Beth (Anm. 2) S. 51.

schen fest und verstößt damit gegen Grundanschauungen einer hegelianisierenden Linken, die in der Geschichte nur unpersönliche Prozesse wirken sieht, aber auch gegen den vielzitierten Schlüsselsatz Friedrich Dürrenmatts, uns komme nur noch die Komödie bei: »Die Tragödie setzt Schuld, Not, Maß, Übersicht, Verantwortung voraus. In der Wurstelei unseres Jahrhunderts, in diesem Kehraus der weißen Rasse, gibt es keine Schuldigen und auch keine Verantwortlichen mehr. Alle können nichts dafür und haben es nicht gewollt. Es geht wirklich ohne jeden.«[15]

Daß der einzelne in der Geschichte des 20. Jahrhunderts massenhaft verwaltet und sinnlos ›zerfetzt‹ wird, gegen Bürokratien, Systemzwänge jeder Art, militärische Vernichtungstechniken vielfach keine Chance hat, legitimiert für Hochhuth keineswegs den Schluß, der in der Theaterkritik gezogen wurde: »Die Selbstverantwortung des Menschen heute ist ein Traum.«[16] Im Gegenteil: mit der gesteigerten Vernichtungsmacht der Mächtigen sieht Hochhuth deren Verantwortung, aber auch die Widerstandspflicht aller anderen nur erhöht, so daß er nicht zufällig dem Schweizer Hitler-Attentäter Maurice Bavaud als erster ein literarisches Denkmal gesetzt hat (*Tell 38*, 1979). Daher vermag der »materialistische Idealist« (so sieht Hochhuth sich selbst) an die Freiheitskonzeptionen des Existentialismus ebenso anzuknüpfen wie an das episch-politische Theater Piscators, aber auch an Traditionen der Aufklärung und des Konfliktdramas zwischen Gotthold Ephraim Lessing und Friedrich Schiller. »Hochhuth ist kein Lessing oder Schiller, aber er geht auf ihren Spuren.«[17] Ent-

15 Friedrich Dürrenmatt, *Theaterschriften und Reden*, hrsg. von Elisabeth Brock-Sulzer, Zürich 1966, S. 122.

16 Joachim Kaiser, »Drei Schwierigkeiten beim Schreiben des Dramas«, in: Joachim Schondorff (Hrsg.), *Junges Deutsches Theater von heute*, München 1961, S. 13. Kaiser gehörte dennoch zu den Fürsprechern Hochhuths in der *Stellvertreter*-Debatte und in der Diskussion um Ludwig Erhards »Pinscher«-Attacke.

17 Walter Muschg, »Hochhuth und Lessing« (1963), zit. nach Hoffmeisters *Dokumente*-Band (Anm. 8) S. 37. Vgl. auch Hans Mayer: »Hochhuth ist kein Rousseau, ich weiß, ich weiß. Dennoch gemahnt mich der unbeirrte Eigensinn, der den Autor des ›Stellvertreters‹ und der ›Soldaten‹ weitergehen läßt auf einem

sprechend ließe sich sagen: Hochhuth ist weder ein Voltaire noch ein Zola, aber deren Gerechtigkeitssinn und Wahrheitsmut (wie er sich in der Verteidigung von Calas bzw. Dreyfus manifestiert) wirkt in Hochhuths Engagement fort. Mit der Voltaire-Tradition verbindet ihn auch das schroffe Nein zu einem optimistischen Welt- oder Geschichtsbild, wie es in der deutschen Philosophie zwischen Leibniz und Hegel entwickelt wurde.

Hochhuth ist Aufklärer in mehr als einem Sinn, nicht nur durch den Anschluß an Formtraditionen der Epoche vor und um 1800, nicht nur durch die Berufung auf Autoren des 18. Jahrhunderts und durch Erneuerung ihres Appells an den individuellen Erkenntnis- und Entscheidungsmut, ihrer Kritik an Machthabern, Orthodoxien und Institutionen im Namen der individuellen Freiheit und der Menschenrechte, sondern auch im Wortsinn der detektivischen Recherche, der psychotherapeutischen Integration des Verdrängten, der gesellschaftlichen Information über ›dunkle‹ Seiten des Vergangenen und Bestehenden.

Von den Erzählungen dieses Bändchens knüpfen *Mutterliebe* und das ›Histörchen‹ mit Wilhelm von Scholz und David Irving an Formen der anekdotischen Kalender- und Zeitungsgeschichte an, wie sie zwischen Matthias Claudius und Johann Peter Hebel in der narrativen Volksliteratur um 1800 ausgebildet und auch von Kleist für die *Berliner Abendblätter* auf eigene Weise genutzt wurden. Hochhuth bezieht sich auf reale Fakten und Personen, auch wenn die Identität von »Herberts Mutter« verschleiert bleibt und der reale Besucher Hochhuth den fiktiven Besuch eines Kriegskameraden Herberts beschreibt. Er bringt in der *Anekdote* sich selbst als Ich-Erzähler ein und erweckt beim Leser den Eindruck der authentischen Wiedergabe eines echten Gesprächs, während er zwar allein bei Wilhelm von Scholz zu Besuch war, aber nie

Weg, der als richtig erkannt wurde, allen Verrissen und literarischen Bonmots zum Trotz, an den hartnäckigen Eifer des Genfer Autodidakten, über den die professionellen Literaten in Paris [. . .] lange Zeit nur Witze zu reißen wußten« (in: Knesebeck, Anm. 8, S. 8).

mit Irving. Die beiden Texte sind Beispiele einer Kurzform mit prägnanter Pointe oder einer frappierenden Wendung, mit der punktuell auch humoristischen Darstellung merkwürdiger Vorfälle, für die Hochhuth einen guten Blick hat und die dem Anekdotenerzähler erlauben, (nach einer Formulierung Wilhelm Schäfers) »in irgendein Stück Weltgeschichte anekdotisch, d. h. von einer zufälligen Seite aus« hineinzuleuchten.[18] Der Leser wird stimuliert, einer immanenten ›Moral‹ des Erzählten nachzufragen; sie ließe sich hier z. B. in den Ironien der Geschichte finden: die *Anekdote* belegt an einem Fall von »Wiederholungszwang«[19] die Verblendung von Eroberern in entscheidenden Momenten. *Mutterliebe* verweist auf die schauerliche Diskrepanz von Absicht und Wirkung, der das Handeln des einzelnen im Gewirr der Zufälle ausgesetzt ist, d. h. im unübersehbaren Netz heterogener Kausalitäten. Wie in *L'Impromptu de Madame Tussaud* (1968) oder in der *Atlantik-Novelle* (1985) wendet sich Hochhuth auch hier dem Symbolraum des Meeres zu, um die wahllos erlittenen, sinnlosen Untergänge der einzelnen im Gang der kollektiven Geschichte zu versinnlichen.

Auch diejenige deutsche Novellenform, in deren Tradition sich *Die Berliner Antigone* stellt, hat sich um 1800 herausgebildet, und ihre Ausprägung bei Kleist[20] wirkt spürbar bei Hochhuth nach. Sie teilt mit der Anekdote die »unerhörte Begebenheit« (die Goethe ihr zuspricht), gibt aber als erzählende »Schwester des Dramas« (so nennt sie Theodor Storm, ein Lieblingsautor des jungen Hochhuth) ihren Helden die Chance, sich als ›Charaktere‹ (im Sinn des dramaturgischen Begriffs) zu offenbaren und zu entwickeln, auch wenn vom Handeln der Protagonisten vielleicht nur wenige abhängen, im Extremfall nur das eigene Leben oder das eigene Glück.

18 Zit. nach: Wilhelm Grenzmann, »Anekdote«, in: *Reallexikon der deutschen Literaturgeschichte*, hrsg. von W. Kohlschmidt und W. Mohr, Bd. 1, Berlin [2]1958, S. 65.

19 Vgl. Hochhuth, *Spitze des Eisbergs* (Anm. 9), S. 113.

20 Daß die Novelle ›kleistisch‹ geprägt ist, wurde rasch bemerkt. Vgl. die Einführung von Nino Erné zu Rolf Hochhuth, *Die Berliner Antigone. Prosa und Verse*, Reinbek bei Hamburg 1971, S. 7 f.

Dieser Novellentyp stellt einzelne in konflikt- und entscheidungsträchtige Situationen, in einen begrenzten sozialen Handlungsraum mit final bestimmtem Ablauf, der das Ganze der Gesellschaft, in die er eingebettet ist, in der Regel nicht verändert, aber Grundprobleme des persönlichen Daseins in historisch geprägten Varianten individuell erneuert – und damit den Leser erschüttern und bewegen kann.

Die Antigone der *Tragödie* des Sophokles ist Ödipus' Tochter; sie kommt aus einer Königsfamilie und ist mit dem Königssohn Hämon verlobt. Dessen Vater Kreon untersagt, bei Strafe des Todes, die Bestattung des Polyneikes, des Bruders Antigones, der im Kampf gegen die eigene Heimatstadt Theben gefallen ist. Antigone begräbt den Bruder und wird verurteilt. Kreon kommt erst zur Einsicht in die Hybris seines Gebots und seiner Haltung, als sich Antigone bereits selbst getötet hat und Hämon ihr in den Tod gefolgt ist.

Hochhuths *Novellen*heldin Anne ist eine junge Deutsche in der Zeit des Zweiten Weltkriegs, so wenig ›prominent‹ wie ihr hingerichteter Bruder, ein namenloser Offizier aus dem Kessel von Stalingrad, der »nach seiner Genesung schamlos erklärt [hatte, . . .] der Führer habe die 6. Armee zugrunde gerichtet«. Anne begräbt seine Leiche, die der Anatomie ›überstellt‹ war, als ihr ein Bombenangriff der ›Feinde‹ die zufällige Gelegenheit dazu gibt, und sie verstößt damit gegen ein Gebot des ›Führers‹, für dessen eigenes Schicksal sie keine Bedeutung hat. Wie wenig sie, wie wenig überhaupt »ein Leben« im Staat des ›Führers‹ bedeutet, zeigt Hochhuth mit dem knappen Bericht über »Hitlers ironisch wegschiebende Anordnung nach Tisch, die Angeklagte ›solle in eigener Person der Anatomie die Leiche zurückerstatten‹«. Der Generalrichter, die zweite ›Kreon‹-Figur Hochhuths, hat – als Vater Bodos, mit dem Anne verlobt ist – ein Interesse daran, dieses Todesverdikt mißzuverstehen und »so auszulegen, als dürfe das Mädchen den Beerdigten stillschweigend zurückbringen«. Anne weigert sich, den Bestattungsort anzugeben, wird verurteilt und versteht erst wenige Tage vor der Hinrichtung (die wegen der Folgen eines Luftangriffs verschoben worden war) sich und ihr Verhalten nicht mehr, als sich nämlich »ihre kaltwache Vorstellungskraft« Stunde um Stunde nur noch »auf das Brett unterm Messer« richtete, »auf das man sie anschnallen würde«. Die Nachricht vom Suizid ihres Verlobten (der sie bereits tot wähnte und nicht überleben wollte) läßt sie nicht mehr dazu kommen, »ihre Tat zurückzunehmen«. In ihren »starken Augenblicken« überwindet sie nun – nach dem Tod des Geliebten – die »Gier nach Leben«, in einem ›schwachen‹ Augenblick unterschreibt sie ein Gnadengesuch, das ohne Begründung abgelehnt wird.

Hochhuths neue ›Antigone‹ begründet ihr Widerstehen nicht politisch oder religiös; der Autor erzählt lakonisch, streng handlungsbezogen, und enthält sich fast durchwegs auktorialer politischer Reflexion. Anne ist kein Ideenträger und keine Täterin ›von oben‹. Sie folgt nicht wie die Sophokleische Antigone einem Göttergebot, bewußt und todesbereit. Vielmehr ist sie eine ›Jedermann‹-Figur in der Gestalt einer jungen Frau, die ihrem persönlichen Gefühl folgt und daran festhält, ohne doch zur Heroine ohne Anfechtung erstarren zu können. Wie Anne stirbt, ›schwach‹ oder ›stark‹, läßt der Text offen; vielleicht stirbt sie »wie eine Heilige« – nicht aber *als* Heilige im christlich-konfessionellen Sinn, denn sie sucht nicht das ewige Heil im Jenseits, und Gott ist für sie nicht der Inbegriff liebender Erlösung, sondern ein Schöpfer von »kosmischer Gleichgültigkeit« gegenüber dem Leiden seines Geschöpfes. Anne empfindet den christlichen Friedhof der Marienkirche als »heidnische« Zone und sieht im Grabstein mit dem Vers der Apostelgeschichte »Mutters letztes Gesicht«. Vielleicht, so heißt es, stirbt sie mit einem »Foto in den gefesselten Händen« – mit dem »Halt«, den die Menschenliebe gibt, nicht die Gottesliebe. Dergestalt spielt auch hier das schon erwähnte Motiv herein, daß der Mensch, der in religiöseren Zeiten in Gott seine »letzte Zuflucht« gefunden hätte, sie im 20. Jahrhundert etwa in der »Liebe« sucht.

Sie handelt zwar auf ihre Weise gemäß der Grabinschrift am Bestattungsort ihres Bruders (»Apost. 5,29«), aber nicht, indem sie einer übergeordneten oder gar überirdischen Instanz ›gehorcht‹, sondern indem sie sich gegen den Machtanspruch von Menschen auflehnt, über andere Menschen schrankenlos zu verfügen. Der »Gott« der Bibelstelle wird säkularisiert zur Stimme ihres Gefühls und Gewissens. Das Identitätsbewußtsein Annes ist daran gebunden, daß sie ihre »*Tat*« als *ihre* »Tat« begreift, sich darin selbst findet und ›annimmt‹. Sie verliert es zeitweilig vor sich selbst (aber nicht vor »den Menschen« im Sinne von Apost. 5,29), als sie in der Obsession durch die Vernichtungsangst »mit einem Schnitt innerlich abgetrennt [wurde] von ihrer Tat: Sie begriff das Mädchen nicht mehr, das seinen Bruder bestattet hatte«. Ein Bewußtsein eigenen Wollens gewinnt sie wieder im Schweigen gegenüber dem Pfarrer, das den Bruder weiterhin beschützt, aber nun noch, wenigstens in ihren »starken Augenblicken«, die innere ›Überwindung‹ des Lebens nach Bodos Tod umschließt. Sie folgt dem Verlobten, wie er ihr hatte folgen wollen, und wie Hämon Antigone folgt (oder dessen Mutter und Annes eigene Mutter den toten Söhnen im Freitod folgen).

Die Novelle öffnet sich nur kurz am Schluß für die größere Bühne der Politik, mit einem Ausblick auf den gescheiterten Staatsstreichversuch des 20. Juli. Wie ›unpolitisch‹ das Verhalten Annes auch erscheinen mag, es wird zwangsläufig ›politisch‹ in einem System, das ein Eigenrecht des einzelnen, persönliches Selbstsein nicht dulden will und es doch nicht verhindern kann, solange Menschen bereit sind, in die Spuren Annes zu treten. Der Text enthält eine komplexe politische Aussage: Er bringt am Schicksal Annes die Inhumanität des ›Dritten Reiches‹ und seiner »Vernichtungsmaschinerie« zum Ausdruck; er stellt die Verwaltungssprache des NS-Systems, die dieses z. T. überdauert hat, als Sediment und Mittel der politischen Inhumanität bloß;[21] er vermittelt implizit Maß-

21 Vgl. Detlef Brennecke, »Rolf Hochhuths Novelle ›Die Berliner Antigone‹«, in: *Germanisch-Romanische Monatsschrift*, N. F. 26 (1976). Vgl. dazu Hochhuth, »Als Nachwort ein Blick auf Wörter«, in: *Die Hebamme* (Anm. 4) S. 301 und passim. – Zu anderen Aspekten des Textes vgl. noch Ute Druvins, »Die Berliner Antigone«, in dem Sammelband Walter Hincks (Anm. 8).

stäbe für die Beurteilung von Staatsgewalt und Staatsräson, und er zeigt die Grenze despotischer Macht im Nein eines Menschen, der sich nicht selbst verlieren will. Annes Nein hat keine politischen Folgen für die dargestellte Gesellschaft; aber es offenbart eine innere Stärke des Menschen, ohne die auch der politische Widerstand (von den »Querulanten unter den Studenten« bis zu den Generalen, von denen im Schlußabsatz die Rede ist) ohne Chancen wäre. Die glaubhafte Darstellung dieser Stärke in einer Sprache ohne Exklusivität und am Exempel einer Frau ohne sonstige ›Besonderheit‹, die sie von uns trennen könnte, trifft und bindet den Leser, unabhängig davon, wie weit sich die »unerhörte Begebenheit« der Novelle von den Zumutungen und Bewährungen seines eigenen Alltags entfernt.

Die bisher erörterten Hochhuth-Themen und -Tendenzen kennzeichnen auch seine Geschichtsgedichte, Hochhuths eigentümlichen Beitrag zum Formen-Ensemble der gegenwärtigen Lyrik. Wir finden auch in ihnen die Rühmung eines neuen *Tell*, der fast den Lauf der Geschichte geändert hätte (*Johann Georg Elser*), die Anteilnahme an den Namen- und Machtlosen (den »M.s« aus »La Tranche-sur-Mer« oder »Kiew«), das Engagement für Parias (*Konjunkturkuli*), den Respekt vor den Mächtigen und Namhaften, die weniger als andere den Versuchungen der Macht erlagen: dem Stoiker Marc Aurel[22], der kein »Eroberer« war, dem »Eroberer« Churchill, der dennoch »für das eigene Land kein fremdes Dorf annektiert hat«. Aber die Grundierung der Geschichtsgedichte ist stärker noch als die der Dramen und Erzählungen

22 Auch das Aufklärertum Hochhuths hat seine eigenen Versuchungen, und der Autor erliegt ihnen für einen Moment (der im Gedicht aber Dauer annimmt), wenn er in einer (auch sprachlich anfechtbaren) Stelle ein »Gütezeichen« Marc Aurels darin sieht, daß er geholfen habe, »die Christen zu unterdrücken«, wissend (was Hochhuth selber zu wissen glaubt): »totalitär wird und Terrorist, wer zu *einer* Idee – alle bekehren will.« Aber es ist jedermanns gutes Recht, für seine Ideen *alle* gewinnen zu wollen, während es allerdings unrecht ist (aber gewiß nicht das Unrecht *aller* Christen), dieses Recht zwar für sich in Anspruch zu nehmen, es anderen aber zu verweigern, oder sich *aller* Mittel im Streit der Ideen zu bedienen, auch der Macht zur Unterdrückung oder Ausrottung Andersdenkender.

bestimmt vom durchdringenden Bewußtsein der geschichtlichen Bedingtheit menschlichen Wollens und der Endlichkeit alles geschichtlich Geschaffenen. Tun und Leiden fallen im »Tretrad« der Politik zusammen (*Weiße Mäuse*). »Sprecht nicht verächtlich von versunkenen Reichen: Geschichte ist, was jedem Volk mißlang.« Der durch Spengler geschulte Blick Hochhuths entdeckt in den Relikten des Vergangenen die Zukunft des Gegenwärtigen (*Selinunt*). Die »Abraumhalden« des Industriezeitalters dienen ihm als lyrisches Symbol des zeitlosen Nichts, das alle Produkte geschichtlicher Anstrengung verschlingt, Werke, Reiche und Kulturen (ohne daß Hochhuth davon abließe, in der geschichtlichen Anstrengung Ruhm und Größe des Menschen zu suchen).

Die Gedichte Hochhuths stellen nur ein Randphänomen seines Schaffens dar, sie wurden im ›literarischen Leben‹ kaum beachtet. In diesem finden Formen der Lyrik die weiteste Resonanz, wenn sie sich (wie der Rock- und Protestsong) nicht auf das Wort beschränken, und das höchste Lob der kritischen ›Zunft‹, wenn sie die Tradition der esoterisch-dunklen und abstrakten Lyrik zwischen Mallarmé und den Surrealisten weiterführen (wie es Paul Celan geglückt ist). Hochhuth steht beiden Richtungen fern. Er nutzt Vokabeln der heutigen Umgangssprache und der öffentlichen Diskussion (»War Criminal«), auch Wortkaskaden Benns (»Trommeln von Säulen, Metopentrümmer / zerrissene Friese / verwaschne Reliefs«), aber er integriert sie in alte Traditionen des lyrischen Sprechens mit Vers, Strophe und Reim. Doch führen die speziellen Hochhuth-Themen auch zu speziellen Hochhuth-Formen: biographischen Porträt- und monologischen Rollengedichten, Balladen, lyrischen Reise- und Städtebildern usw., in denen sich (oft aphoristisch zugespitzt und pointierend) Reflexion, Narration und Formen des ›Appells‹ bei wechselnder Dominanz verbinden.

Im *Aufruf* wird das appellative Moment der Hochhuthschen Dichtung unmittelbar zur Form: Lyrik als Kunst der Rhetorik, in der Hochhuths Sinn für Rhythmus, antithetische Verspannung, Variation gleichartig wiederkehrender

Konstellationen zur Geltung kommt. Auch Brecht- und Bibeltöne werden hier mit eingesetzt, aber ›umfunktioniert‹. Denn Hochhuth redet den »Bürger« an und reflektiert Geschichte nicht als Entwicklungsgeschichte der Produktivkräfte und des Klassenkampfes, und Gott ist in diesem Gedicht nicht allmächtig, sondern identisch mit der Not und Ohnmacht von Kindern und Greisen, mit dem Leiden überhaupt, das an das Mitgefühl appelliert, den Willen zu Beistand und Rettung wachruft, zur Selbstverantwortung, die nicht auf eine andere Instanz abschiebt, was für Hochhuth gemeinsame Sache der Menschen ist:

> Setzt Zeichen, entgiftet das Gas.
> Schlaft nicht auf Bomben, entschärft sie. Und schützt
> auch den Mächtigen vor der Macht, bewacht ihn.
> Betet nicht, wachet, damit Ihr in Anfechtung fallet.

Wie das Nein seiner Berliner Antigone eine größere Bedeutung hat als die Bestattungshandlung, mit der es sich verbindet, so ist die Bedeutung Hochhuths für den Zeitgenossen größer als die der Summe seiner Einzelwerke, -themen und -thesen, über die sich jeweils legitimerweise streiten läßt. »Der Mut, sich, wo immer eine Sache es zu erfordern scheint, notfalls zwischen alle Stühle zu setzen und allen etablierten, meinungsbildenden Autoritäten zu widersprechen, ist wohl das wirklich Einzigartige an diesem Autor: Es ist das, was ihm, wie wenigen seiner Epoche, Ruhm und Haß zugleich eingetragen hat.«[23] Ganz so ›einzigartig‹, wie der zitierte Autor meint, steht Hochhuth damit zwar nicht in der literarischen Szene.[24] Er hat nicht nur Gegner, sondern stets auch Verteidiger gefunden, und Autoren wie Arno Schmidt (in

23 Taëni (Anm. 1) S. 120.

24 So decken sich etwa die philosophischen *Ketzereien* von Günther Anders in wesentlichen Punkten mit Positionen Hochhuths. Das gilt (bis in wörtliche Übereinstimmungen) u. a. für die Verwerfung einer theokratischen oder heilsgeschichtlichen Auffassung der Universalgeschichte, für die Verbindung von historischem Pessimismus und dennoch dezidiertem geschichtlich-politischem und ethisch-sozialem Engagement, für die Einschätzung der historischen Rolle

seinem frühen Erzählwerk), Heinrich Böll (auf dem Felde des Romans und der Publizistik) oder Günter Wallraff (auf dem Feld der Reportage) haben einen ähnlichen Mut bewiesen. »Dieser Mut aber wirkt gewiß auch immer wieder fort: als Anstoß (und bliebe er auch unbewußt)«[25] im Denken derer, die ihn wahrgenommen haben. Das Exzeptionelle an Hochhuth bestätigen wir aber unwillkürlich doch, wenn wir in einem umgangenen Problem der Zeitgeschichte einen »Stoff für Hochhuth« (und niemand anderen) wittern, wie in trüben sozialen Zuständen, die eigentlich alle angehen, einen »Fall für Wallraff«.

Helmut Kreuzer

von Individuen und die damit zusammenhängende Legitimierung des (auch präventiven) Tyrannenmords – speziell der Attentatsversuche gegen Hitler. Vgl. Anders, *Ketzereien*, München 1982, S. 33, S. 210 f., S. 236 f. und passim.
25 Taëni (Anm. 1) S. 120.